ARYE SHARUZ SHALICAR

100 WEISHEITEN, UM DAS LEBEN ZU MEISTERN

SELBST WENN DU AUS DEM GHETTO STAMMST

FBV

Bibliografische Information der Deutschen Nationalbibliothek
Die Deutsche Nationalbibliothek verzeichnet diese Publikation in der Deutschen Nationalbibliografie. Detaillierte bibliografische Daten sind im Internet über http://dnb.d-nb.de abrufbar.

Für Fragen und Anregungen
info@finanzbuchverlag.de

Originalausgabe
1. Auflage 2021
© 2021 by Finanzbuch Verlag, ein Imprint der Münchner Verlagsgruppe GmbH
Türkenstraße 89
80799 München
Tel.: 089 651285-0
Fax: 089 652096

Dieses Buch enthält auf den Seiten 201/202 und 228/229 mit freundlicher Genehmigung von dtv Auszüge aus: *Arye Sharuz Shalicar: „Ein nasser Hund ist besser als ein trockener Jude"* © *2010 dtv Verlagsgesellschaft mbH & Co. KG, München.*

Redaktion: Anne Büntig
Korrektorat: Silvia Kinkel
Umschlaggestaltung: Sonja Vallant
Umschlagabbildung: Martin U. K. Lengemann/Ullstein Bild
Satz: Röser MEDIA GmbH & Co. KG, Karlsruhe
Druck: GGP Media GmbH, Pößneck
Printed in Germany

ISBN Print 978-3-95972-382-4
ISBN E-Book (PDF) 978-3-96092-708-2
ISBN E-Book (EPUB, Mobi) 978-3-96092-709-9

Wir produzieren
nachhaltig
www.m-vg.de

Weitere Informationen zum Verlag finden Sie unter

www.finanzbuchverlag.de

Beachten Sie auch unsere weiteren Verlage unter www.m-vg.de

INHALT

Inhalt

Inhalt

Inhalt

»Das Leben ist ein Ganzes, und Gutes und Böses muss zusammen hingenommen werden.«

Sir Winston S. Churchill, Schriftsteller und
ehemaliger Premierminister Großbritanniens

»Kein Mensch erklärt die Rätsel der Natur, kein Mensch setzt einen Schritt nur aus der Spur, die seine Art ihm vorschrieb, und es bleibt der größte Meister doch ein Lehrling nur.«

Omar Khayyam,
persischer Philosoph und Dichter

»Das Leben ist ein Hürdenlauf – bist du zu langsam, schaffst du es nicht über die ersten Hürden; bist du zu schnell, geht dir die Puste aus und du wirst die letzten Hürden nicht erreichen.«

Arye Sharuz Shalicar,
deutsch-persisch-israelischer Schriftsteller

»May your choices reflect your hopes, not your fears.«

Nelson Mandela,
Symbolfigur für Freiheit und Gerechtigkeit

Für Sebie

VORWORT

»Vom Tellerwäscher zum Millionär« ist insbesondere in sozial schwachen Gesellschaftsschichten und Bezirken oftmals der einzige Wunschausweg aus der Misere. Diese Misere beginnt in den meisten Fällen nicht selbst verschuldet, sondern wird einem mit auf den Weg gegeben, indem man in »problematische« Zustände hineingeboren wird und somit von klein auf einer Art täglichem Überlebenskampf ausgesetzt ist.

Es ist ein »Überlebenskampf« mit wenig Hoffnung für die Zukunft. Denn gesellschaftlich benachteiligte, in schwachen Gegenden und unter schlechten Rahmenbedingungen aufwachsende Jugendliche finden oftmals keinen Weg heraus aus der Spirale der Gewalt, Kriminalität und zuletzt tiefer Hoffnungslosigkeit.

Ich weiß, wovon ich rede. Ich war einer von ihnen!

Einer von unzähligen Deutschen, die in relativer Armut in einem Problembezirk – Berlin Wedding – ihre Jugendjahre verbringen und irgendwann fest davon überzeugt sind, dass die Zukunft nur zwei Optionen für sie bereithält:

Tod oder Knast!

Doch im Alter von 18 Jahren schwenkte ich um, als mich mein bester Freund, der gerade frisch aus dem Gefängnis kam, nicht an einem Raubüberfall beteiligen wollte, weil er der Meinung war, dass aus mir einmal etwas werden könnte.

»Aus mir könnte einmal etwas werden?«, fragte ich ihn verdutzt. Und er antwortete mir im Brustton der Überzeugung: »Ja, ich glaube fest daran, dass aus dir etwas Anständiges werden kann und du den Weg rausfinden wirst, wenn du dich nur bemühst.«

Ich folgte seinem Rat.

Es waren jene Worte, die mich bis heute begleiten und für die ich täglich dankbar bin. Hätte er mich damals nicht überzeugt, dann gäbe es für mich möglicherweise keinen Ausweg und ich wäre, wie er, schon während der Schulzeit in Handschellen aus der Schule abgeholt worden und würde, wie er, bis zum 40. Lebensjahr einen Großteil meines Lebens in geschlossenen Anstalten verbringen.

Ich bin ihm dankbar und widme ihm dieses Buch, denn ich habe es tatsächlich geschafft, während er leider nach wie vor »gefangen« ist in einer Spirale der Gewalt, Kriminalität und Perspektivlosigkeit. Er führt alles andere als ein »normales« Leben. Nicht weil er nicht gerne ein normales Leben führen würde, sondern weil er mittlerweile der Ansicht ist, dass der Zug in seinem Fall schon längst über alle Berge ist und ihm nichts anderes übrig bleibt, als das zu machen, was er am besten kann – in einer kriminellen Parallelwelt, fern jeglicher Normalität, sein Leben »meistern«.

So geht es vielen meiner damaligen Mitstreiter auf den Straßen Berlins und Hunderttausenden Jugendlichen deutschlandweit.

Ich bin raus!

Ich bin zwar kein Millionär geworden, doch es geht mir gut. Ich führe ein anständiges Leben. Und obwohl es ganz normal klingt, ein normales Leben zu leben, wirkt ein »normales Leben« so verdammt weit weg für viele Jugendliche und Heranwachsende in schwierigen Gegenden. Wie für mich und eventuell für dich.

Von uns gibt es leider sehr viele.

Jeder dritte Heranwachsende von uns verbockt seine Zukunft, weil er während seiner Jugendjahre in Situationen hineingerät, aus denen der Ausstieg schwierig ist.

Es spielt dabei keine Rolle, ob du in einem Plattenbau in Berlin Mahrzahn, in einer Siedlung in Berlin Staaken oder Gropiusstadt oder in einem von Migranten dominierten Kiez in Berlin Wedding oder Neukölln aufwächst. Es ist egal, ob es sich um rechts- oder linksgesinnte Deutsche ohne Migrationshintergrund handelt, die in ihrem Problem-Kiez die Mehrheit stellen, oder um Deutsche mit Migrationshintergrund, die oftmals in einer anderen Kultur und Sprache ihren Alltag meistern – oder eben nicht meistern. Sie alle haben gemeinsam, dass sie sich wie die allerletzten Ärsche fühlen.

Sie fühlen sich wie die letzten Loser.

Niemand will sie haben.

Niemand glaubt an sie.

Niemand sieht sie und will sie sehen.

Sie können ja auch nichts und wissen deshalb auch nichts Gescheites mit ihrem Leben anzufangen.

Sie fühlen sich als das »andere Deutschland«.

Und sie sind, beziehungsweise wir sind, viele. Sehr viele.

Ich will dir mit diesem Buch sagen, dass ich dich sehe. Ich sehe dich und ich will dir Mut zusprechen. So wie mein bester Freund es damals mit mir tat und mir somit, man könnte fast schon behaupten, das Leben rettete.

Ich sehe dich und will dir aufgrund meiner eigenen Erfahrungen 100 Ratschläge geben.

Damit auch du dein Leben in den Griff bekommst.

Damit auch du an eine positive Zukunft glauben kannst.

Damit auch du zu einer gesunden »Schraube« im System wirst.

Es gibt einen Tag danach. Wenn du nur willst.

Es ist möglich.

Ich bin der Beweis dafür.

KAPITEL 1
IN *DA HOOD*, ODER BESSER:
RAUS AUS *DA HOOD*

Manchmal wirkt alles so verdammt perspektivlos. Ohne Hoffnung auf bessere Zeiten. Wie oft wolltest du das Handtuch schmeißen? Ich für meinen Teil war sehr oft kurz davor.

Doch ich weiß heute vieles, was ich damals nicht wissen konnte. Rückblickend weiß ich deshalb, dass es Perspektive und Hoffnung geben kann, wenn du nur willst. In diesem ersten Kapitel will ich einen Startschuss geben, für deinen Weg in eine neue Zukunft. Dir lege ich ans Herz, auf die folgenden Ratschläge zu hören und sie in die Tat umzusetzen.

Danach wird nichts mehr so sein, wie es einmal war.

1 ES GIBT IHN, DEN TAG DANACH

Im Alter von 17 Jahren war ich an meinem persönlichen Tief-punkt angelangt. Ich hing mit der türkischen Black Panthers Gang vom Nauener Platz ab, hatte beste Freunde bei den libane-sisch dominierten Kolonie Boys des El Zein-Clans und war An-führer der größten Graffitibande Berlins, wenn nicht Deutsch-lands, Berlin Crime. Man könnte sagen, ich war mit einer ganzen Reihe krimineller Jungs, aller Couleur, befreundet.

Sehr viele von ihnen kamen aus armen Familienverhältnissen und hingen auf der Straße statt in der Schule ab. Auch ich hing auf der Straße ab, allerdings erst nach der Schule. Das lag daran, dass meine Eltern mir von klein auf in den Kopf gesetzt haben, dass ich eines Tages einmal studieren sollte, und dafür braucht es nun mal einen anständigen Schulabschluss. Daher ging ich täg-lich zur Schule, schaffte nicht jedes Jahr auf Anhieb, wurde auch einmal von der Schule geschmissen, aber am Ende habe ich das Abitur bestanden. Ich war ein schlechter Schüler, doch ich wollte meine Eltern nicht enttäuschen und blieb dran.

Die schulische Ausbildung stand bei einem Großteil meines Freundeskreises weder an erster Stelle noch an zweiter. Ihre El-tern übten auch keinen Druck aus wie meine und so konnte manch 14-Jähriger schon, statt in die Schule zu gehen, mittags Drogen verkaufen, ohne dass es negative Konsequenzen für ihn hatte. Generell ging es vielen eher darum, sich den Respekt der Straße zu erkämpfen und schnelles Geld zu machen.

An schnelles Geld gelangt man in der Regel auf illegalem Weg. Jeder zweite Jugendliche im Ghetto war auf schnelles und leich-tes Geld aus. Denn Taschengeld bekamen die wenigsten und so standen Klauen, Abziehen und auch Raubüberfälle an der Tages-ordnung.

Auch bei mir.

Ich weiß, es klingt ein wenig komisch und manch einer mag mir nicht sofort Glauben schenken, denn schließlich sieht man mir diese Vergangenheit nicht an. Aber so war es nun mal. Das waren die Zustände im Ghetto. Und ich war mittendrin.

An einem jener Tage kam ein Kumpel auf mich zu und bot mir an, an einem Raubüberfall auf einen Juwelier mitzumachen. Wir wären zu dritt. Das Ganze sollte in der Residenzstraße ablaufen. Mit Fahrrädern. Und danach mit der U-Bahn. Weit vom Tatort wegfahren. Er erklärte mir den genauen Plan. Es schien ein gut durchdachter Plan zu sein. Schließlich saß er bis vor kurzem in Plötze (JVA Plötzensee) ein und hatte genug Zeit, um sich einen gut durchdachten Überfall zu überlegen. Er war ein Profi. Ich hatte Lust, mitzumachen, denn es klang nach leicht verdientem Geld. Viel Geld.

Ich bat meinen Kumpel, mir ein bis zwei Tage Zeit zu geben, um mir das Ganze durch den Kopf gehen zu lassen, und erzählte meiner damaligen Freundin davon. Sie hörte mir angespannt zu und sagte erst einmal nichts. Schließlich meinte sie:»Ich werde dich nicht im Knast besuchen kommen.«

Ich musste heftig schlucken. Plötzlich sah ich mich hinter Gittern und allein. Schmerzhafte Gedanken. Und dann sagte sie noch:»Ich weiß, was du hier in der Gegend so durchmachst. Wenn du der Annahme bist, dass du es machen musst, dann werde ich dich nicht davon abhalten. Aber vergiss nicht, es wird einen Tag danach geben. Einen Tag nach deiner Jugendzeit hier im Wedding. Vermassele dir deine Zukunft nicht mit dummen Aktionen, die du nicht mehr rückgängig machen kannst.«

»Es wird einen Tag danach geben? Werde ich irgendwann einmal 22 und 25 und 30 Jahre alt sein und raus aus dem Ghetto sein?«, fragte ich mich innerlich. Ein vernünftiger Beruf wäre dann wünschenswert.

»Wird dieser Tag wirklich kommen?«, fragte ich sie den Tränen nahe, und sie erwiderte:»Ja, Sharuz, ganz sicher!«

Ähnlich intensiv wie die Worte meines besten Freundes vernahm ich die Worte meiner Freundin. Beide gaben mir das Gefühl, dass ich es besser machen könnte und dass es ein Morgen geben wird. Wie zwei Schutzengel, die mich davor bewahrten, mein Leben auf den Müll zu werfen.

Ja, es gibt einen Tag danach. Auch wenn es schwerfällt, als Jugendlicher in schwierigen Verhältnissen in die Ferne zu schauen, ist es wahr, dass man irgendwann einmal nicht mehr auf der Straße abhängt. Man sucht nicht mehr nur nach Respekt, weil man sich davon einfach kein Brot kaufen kann. Und irgendwann einmal will man auch nicht mehr so einfach den Weg des »schnellen

Geldes« suchen, weil dieser schnelle Weg in den meisten Fällen ganz schnell für viele Jahre hinter Gitter führt.

Also, ob man will oder nicht, der Tag wird kommen, an dem es anders wird. Es ist wichtig, dies jederzeit im Hinterkopf zu behalten und niemals die Hoffnung auf eine bessere Zukunft aufzugeben.

2 SETZ DIR GRENZEN!

Es ist sehr einfach, zu versagen.

Es kann schneller gehen, als man denkt.

Für Jugendliche, die in bestimmten Gegenden Deutschlands aufwachsen, wo jeder im Alter von 15 Jahren schon bewaffnet ist, kann jeder Tag im wahrsten Sinne des Wortes der letzte sein. Ein falscher Move, ein falscher Stich, eine übertriebene Aktion oder Reaktion und dein Leben wird sich schon in jungen Jahren auf einem ganz gefährlichen Pfad bewegen, von dem es noch schwieriger sein wird, wegzukommen. Denn wenn man erst einmal mit 16 oder 17 in die Jugendstrafanstalt gelangt – was für viele eher ein Ehrentitel als eine Bestrafung ist, was auch ein riesiges Problem darstellt, aber dazu später noch –, dann verpasst man den Schulabschluss und kann somit in den meisten Fällen auch keine wirklich anständige Ausbildung, geschweige denn ein Studium antreten.

Irgendwann ist man jedoch über 18 und hat durch den Aufenthalt im Gefängnis größtenteils Kriminelle in seinem Umfeld, die teilweise nach ihrer Entlassung wieder ins kriminelle Leben einsteigen, denn sie haben nicht immer eine attraktive Option parat. Schließlich braucht man Geld, und aus Ehrgefühl kommen viele Jobs nicht infrage.

Die Spirale der Kriminalität.

Wenn man erst einmal drin ist, egal in welcher kriminellen Branche, dann ist es sehr schwierig, da wieder herauszufinden. Es ist schließlich dein täglich Brot und Butter. Du kannst ja auch nichts anderes. Deine Straßenerfahrung ist deine Langzeitausbildung. Das bringt auch Positives mit sich, wenn man das Erfahrene in den Koffer packt und aus dem Milieu aussteigt. Somit ist es wichtig, dass man in seiner Jugendzeit nicht übertreibt, ganz gleich in welchem Milieu oder welcher kriminellen Branche man sich befindet, denn eine Langzeitstrafe hat in vielen Fällen einen großen Einfluss auf die spätere Entwicklung, wohingegen eine Kurzzeitstrafe in der Regel kaum Einfluss auf den weiteren Lebensweg hat.

Ich war kriminell, habe mich aber zum Glück in erster Linie auf Soft-Kriminalität spezialisiert, und zwar das Sprühen. Daher wurde ich vom Staat jedes Mal soft bestraft. Mal wurden mir mehrere Tage Sozialarbeit aufgebrummt, mal habe ich als Bestrafung ein paar Tage Arrest erhalten, aber mehr auch nicht. Es hat meinen natürlichen Werdegang nie wirklich beeinflusst, und das war auch gut so. Deshalb konnte ich das Abitur machen und vom schiefen Weg abspringen und mein Leben in den Griff bekommen.

3 SIND DIE BERGE IN DER FERNE WIRKLICH GRÜNER?

Als ich 16 war, zog ein Freund von mir aus Berlin weg nach Nürnberg. Ich hatte keinen blassen Schimmer, wo sich Nürnberg auf der Landkarte befand, aber es klang für mich absurd, dass er Berlin verlassen wollte, um in einer Kleinstadt (so stellte ich mir Nürnberg vor) irgendwo auf dem Land zu leben. Er sagte zu mir, dass er dort eventuell eine Zukunft haben könnte. Im Wedding hätte er die definitiv nicht.

So stellte auch ich mir vor, »in die Ferne« zu ziehen, und sah plötzlich Dahlem in Zehlendorf vor meinen Augen und wie es sich dort leben würde, wenn man ausreichend Geld hätte. Ein großes Haus, einen Luxuswagen vor der Tür, vielleicht sogar zwei, und einen schönen Garten mit Pool. Perfekt.

Doch Geld und Erfolg fallen nicht einfach mal so vom Himmel. Man muss dafür arbeiten. Man muss dafür schwitzen. Täglich. Jahrelang. Eigentlich das ganze Leben. Pausenlos.

Die Berge in der Ferne sind nicht immer grüner als die, vor denen man sich befindet. Man neigt dazu, neidisch auf andere zu schauen, die es besser haben, und blendet dabei aus, wie viel mehr Menschen es eigentlich um einiges schlechter haben auf der Welt. Man übersieht oft das halbvolle Glas und konzentriert sich auf das halbleere Glas.

Das ist falsch!

Du solltest das Positive wahrnehmen.

Du solltest zu schätzen wissen, was du hast. Denn wenn du das erst einmal geschafft hast, dann hast du schon mal eine stabile Grundlage, um dann langsam, aber sicher auf etwas Besseres hinzuarbeiten.

4 MOTZEN UND MECKERN

Der Deutsche hat viele positive Eigenschaften, aber auch ein paar negative. Eine, die sehr weit verbreitet ist, ist das Meckern und Motzen. Es ist eine Art Volkssport, würde ich hier einfach mal frecherweise behaupten. Man tut es die ganze Zeit. Eigentlich zu allem und über alles. Nie ist man wirklich zufrieden, sondern man findet in allem Guten die Schwachstelle, über die man dann nicht nur herziehen kann, sondern muss.

Diese Eigenart hilft einem eigentlich nirgendwo weiter. Insbesondere dann nicht, wenn man aus schwierigen Umständen kommt. Wenn sowieso schon alles schwierig ist, wieso sollte man es noch schwieriger machen, indem man motzt und meckert?

Ich habe in meiner Jugend sehr viel gemotzt und gemeckert. Auch geflucht und verflucht.

Es wirkte alles so verloren, im Ghetto.

Es gab nur Frust, Depressionen, Gewalt und Hass. Ich hatte einen Hass auf alles, was ich für meine Misere schuldig machen konnte. Allen voran hatte ich meine Eltern im Visier, die, so dachte ich damals, mit unserem Umzug in ein Problemviertel mein Leben absichtlich aufs Spiel gesetzt hätten. Doch sie konnten damals nicht ahnen, dass eine Duplex-Sechs-Zimmer-Wohnung mit Garten inmitten von Berlin für relativ wenig Mietgeld eine »Leiche im Keller« hat. Diese »Leiche« war die sozial schwächste Bevölkerung Deutschlands, mit der ich ab sofort in der Schule, auf den Straßen und auf dem Fußballplatz unterwegs war.

Ich meckerte viel.

Es half nichts.

Man kann sich sehr schnell reinsteigern in eine »Alles Scheiße«-Einstellung, die einen im Endeffekt nur runterziehen wird. Viele meiner damaligen Freunde haben kein Licht am Ende des Tunnels gesehen. Die »Alles Scheiße«-Einstellung war deshalb weit verbreitet und half, die Hemmschwelle zu senken und noch gewalttätiger und noch krimineller zu werden.

Der erste Schritt raus aus dem Ghetto und in eine normale Zukunft ist, das Motzen einzuschränken und sich am Riemen zu reißen.

Selbstmitleid ist nicht die Lösung.

Ich kann davon viele Lieder singen.

5 DAS LEBEN IST KEIN ROSINENBRÖTCHEN

Wer im Ghetto aufwächst, der lernt sehr früh, dass das Leben kein Sonntagsspaziergang ist, sondern ein knallharter Überlebenskampf. Das klingt dramatisch? Ich übertreibe keinesfalls. Ich weiß mittlerweile, dass viele Menschen das so wahrnehmen, auch diejenigen, die aus guten Verhältnissen stammen. Auch sie haben nämlich große Angst vor dem Versagen und dem anschließenden Fall. Das kann jedem jederzeit passieren und es gibt keine Garantie dafür, dass, wenn man wohl situiert ist, es auch so bleiben wird.

Interessanterweise sind eigentlich diejenigen mit einer harten Kindheit und Jugend besser für die harten Tage des Erwachsenenlebens ausgestattet als diejenigen, die einem Problem oder einer Gefahr zum ersten Mal im Alter von 30 Jahren begegnen. Ich musste im Alter von 14 Jahren um mein Leben fürchten, nur weil einigen gewaltbereiten muslimischen Jugendlichen in meinem Bezirk nicht passte, dass sich ein Jude unter ihnen befand. So wurde ich gedemütigt, verfolgt und sogar geschlagen. Ich musste lernen, mit der Angst zu leben. Der Angst um mein Leben und das Leben meiner jüngeren Geschwister. Ein täglicher Überlebenskampf begann damit für mich und er sollte mich jahrelang begleiten. Jene Tage haben mir die schwierigen Seiten des Lebens nähergebracht. Damals habe ich das Leben verflucht. Heute helfen mir jene Situationen, um mit aktuellen Schwierigkeiten entspannter umzugehen.

Tatsächlich nehme ich immer wieder wahr, wie ich Kollegen und Freunden in bestimmten Stresssituationen mehrere Schritte voraus bin.

Ich bin höchstwahrscheinlich eine andere Belastung gewohnt. Dank Wedding.

6 »STRASSENERFAHRUNG« IST GOLD WERT

Menschen, denen ich heute im Alter von 43 Jahren über meine Jugend im Wedding erzähle, lachen mich aus und glauben mir in der Regel kein Wort.

Wieso sollten sie?

Schließlich sitzt ihnen ein erfolgreicher Regierungsbeamter, Schriftsteller, Publizist, Politologe, Blogger et cetera gegenüber, der auch noch mehr Sprachen spricht und versteht, als alle anderen Menschen, denen sie je über den Weg gelaufen sind.

Also gerade *der* soll arm aufgewachsen sein?

Gerade *der* soll kriminell gewesen sein?

Gerade *der* nahm einmal nur zwei Optionen für seine Zukunft wahr: Tod oder Knast?

Absurd.

Meine Vergangenheit in Berlin passt für niemanden so richtig ins Bild, ins Bild des Strebers, das man mittlerweile von mir hat.

Ein Großteil der Menschen um mich herum haben nahezu identische Werdegänge: Sie waren gute Schüler, haben Medaillen in irgendwelchen Sportdisziplinen gewonnen und Musikinstrumente gespielt. Ihre Eltern konnten größtenteils finanziell helfen, um das Studium zu ermöglichen. Im Anschluss: Guter Beruf. Intaktes Familienleben. Fertig.

Doch ich tue mich ziemlich schwer, meine Jugendjahre hinter mir zu lassen, denn sie haben mich wesentlich beeinflusst – zum Guten und nicht zum Schlechten. Das Gute ist nämlich, dass ich eine andere Art der Menschenkenntnis und der Welt an sich mit in den Alltag bringe, ob im Büro, bei Vorträgen vor Publikum oder wenn ich abends vor dem Schlafengehen versuche, meinem 9-jährigen Sohn die Welt zu erklären.

Die Welt ist ein komplizierter Ort.

Wir Menschen sind komplizierte Wesen.

Es fällt vielen Menschen schwer, Menschen zu verstehen, die anders sind. Sie können sich nicht in andere Menschen hineinversetzen. Erst wenn man bestimmte Dinge am eigenen Leibe durchgemacht hat, fängt man an, seinen Horizont zu erweitern und auch andere Menschen zu verstehen, die anders reden, sich anders benehmen oder eine andere politische Einstellung haben.

Meine Vergangenheit auf den Straßen Berlins hilft mir, auch den »einfachen« Menschen zu verstehen, zu tolerieren und, wenn möglich, ihm unter die Arme zu greifen. Es hilft mir, ihm auf Augenhöhe zu begegnen. Und genau das ist Gold wert!

Denn ein Großteil der Menschen wird nicht reich geboren, sondern hat wie du und ich zu kämpfen, damit einmal etwas aus ihnen wird.

7 TRAUMATISCHE ERLEBNISSE

Meine Kindheitsjahre verbrachte ich in Berlin Spandau. Eigentlich tat ich nichts anderes als Fußball spielen, vor der Schule, in den Pausen, nach der Schule bis kurz vor dem Schlafengehen. Jeden Tag. Jahrelang. Das Einzige, was meinen Fußballalltag unterbrach, war der Klavierunterricht jeden Samstag in der Musikhochschule hinter dem Rathaus Spandau, zu dem mich meine Eltern zwangen, anzutreten. Einschließlich Hin- und Rückweg aus der Pichelsdorfer Straße waren das für mich zwei verlorene Stunden, in denen ich nicht dem Ball hinterherrennen konnte. Aber ich hatte keine Wahl. Das war das Einzige, was ich meinen Eltern im Austausch für tägliches Toben auf dem Fußballplatz geben musste. In meinen Augen war das ein fairer Deal.

Bis zum Alter von 13 Jahren verlief so mein Leben. Viel mehr war da nicht. Ich interessierte mich für nichts anderes. Nicht einmal dafür, warum meine Eltern mir zu Weihnachten sagten, dass wir keinen Tannenbaum in die Wohnung stellen, weil es nicht unser Fest sei. Ich verstand nicht wirklich, was es hieß, Jude zu sein, und ehrlich gesagt war es mir auch egal. Für mich stank das nach Religion, und alles, was mit Religion zu tun hatte, war für mich Mittelalter. Punkt.

Dann zogen meine Eltern, als ich 13 Jahre alt war, nach Wedding, in die Osloer Straße, Ecke Stettiner Straße. Als Erstes graste ich die neue Gegend nach Fußballplätzen ab und wurde zwei Straßen weiter, in der Eulerstraße, fündig. Da rollte der Ball, und ich rannte ihm mit Freude hinterher. Bei den Jungs, die fast ausnahmslos dunklerer Natur waren als ich, kam ich gut an, weil ich ein guter Kicker war. Eine Sache jedoch war anders, ich wurde immer wieder nach meiner Identität, meiner Religion, meiner Herkunft gefragt.

In der Regel antwortete ich, dass meine Eltern aus dem Iran stammen, ich aber schon in Deutschland geboren worden sei. Als Reaktion darauf bekam ich normalerweise zu hören: »Super, wir sind auch Muslime, willkommen im Wedding.« Das verwirrte mich sehr. Ich verstand nicht, warum für viele türkische und arabische Jugendliche die Religionszugehörigkeit eine so zentrale Rolle spielte. Als ich mich kurz darauf als Jude outete, stellte sich mein Leben auf den Kopf, denn plötzlich wendeten sich viele von mir ab, wollten mir nicht mehr die Hand, geschweige denn Wangenküsschen zur Begrüßung geben, und noch bevor ich überhaupt Zeit hatte, über diese plötzlichen Veränderungen nachzudenken, wurde ich schon von den ersten Jungs beleidigt, verfolgt und geschlagen. Es begann ein Spießrutenlauf.

Ich lebte monatelang in Angst. Dabei hatte ich niemandem etwas Böses getan. Ich hatte nur den Fehler begangen, Jude zu sein. Jene Tage, in denen ich Angst um mein Leben und das meiner Familie hatte, haben meine gesamte Jugendzeit, wenn nicht mein ganzes Leben, überschattet und beeinflusst. Ich musste als 14-jähriger Junge um mein Leben fürchten, und das mitten in der Hauptstadt eines demokratischen Staates. Eigentlich ist das vollkommen absurd und unlogisch. Wenn ich es nicht am eigenen Leib hätte durchmachen müssen, ich würde mich wahrscheinlich schwertun, jemand anderem das abzunehmen.

Das waren traumatische Zeiten für mich.

Meine Autobiografie *Ein nasser Hund ist besser als ein trockener Jude* schrieb ich nicht, um damit Geld zu verdienen, sondern um mir in erster Linie Frust von der Seele zu schreiben und jene traumatischen Jahre zu verarbeiten. Ich spreche über jene Tage sehr offen, denn jeder Vortrag und jedes Gespräch darüber helfen mir, mein Trauma zu verarbeiten und mit meinem Leben besser zurechtzukommen.

Viele Menschen haben Traumatisches erlebt. Ich bin da keinesfalls allein. Es ist von höchster Priorität, schlimme Zeiten zu verarbeiten, um das Leben in den Griff zu bekommen.

Wer in Selbstmitleid verfällt, wird im Leben im besten Fall stehen bleiben.

8 VERGIB!

Im Alter von 23 Jahren wanderte ich aus Deutschland aus. Es war keine einfache Sache, denn ich hatte kaum etwas im Gepäck: keinen Uni-Abschluss, keine abgeschlossene Ausbildung, kein Geld.

Doch ich musste weg, denn das Ghetto zog mich nach wie vor runter.

Mir war klar, dass der letzte Zug abfahren wird und ich ihn entweder nehmen und versuchen kann, mein Leben auf die Reihe zu bekommen, oder, falls ich ihn verpassen sollte, im Wedding untergehen werde.

Ich verließ nicht nur all die Menschen, die mich am liebsten umgebracht hätten, nur weil ich Jude bin, sondern auch all die Menschen, die mich geliebt haben, allen voran meine damalige Freundin, enge Freunde und meine Familie. Mein Bruder war gerade einmal 16, als ich ihm den Rücken zudrehte und ihn allein zurück im Weddinger Dschungel ließ. Meine Freundin und meine Mutter weinten stundenlang ununterbrochen. Sie wussten, dass wenn ich erst einmal wegziehe, es nie wieder so werden wird, wie es einmal war. Ich war voller Frust und voller Hass all denen gegenüber, die schuld daran waren, dass ich weg wollte. Das waren vor allem gleichaltrige Berliner Araber, denen ich ein Dorn im Auge war.

Ich habe sie dafür gehasst. Ich habe sie dafür verflucht.

Im Laufe der letzten 20 Jahre habe ich ihnen jedoch vergeben. Ich habe nicht vergessen, aber vergeben.

Denn irgendwann habe ich eingesehen, dass auch sie Opfer der radikalen Erziehung ihrer Eltern und Imame gewesen sind. Sie haben den Hass auf Juden von klein auf beigebracht bekommen. Als dann plötzlich ein Jude, ein echter Jude, vor ihnen stand, wussten viele nicht damit umzugehen und entschieden sich für Angriff statt für Freundschaft oder Versöhnung.

Sie waren auch nur Opfer. Andere Opfer. Aber Opfer.

Wie ich.

Als ich anfing, zu vergeben, fühlte ich mich befreit von einer Last, die mich aufgehalten hat, ein glückliches Leben zu führen.

Man könnte sagen, je geringer die Last, desto schneller kann man laufen.

9 GLÜCK IM UNGLÜCK

Ich wurde von der Schule geworfen, saß in einer Jugendstrafanstalt, musste Sozialstunden ableisten. Mein Vater schmiss mich mehrmals aus der Wohnung.

So viel Unglück.

Rückblickend bin ich mittlerweile jedoch fest davon überzeugt, dass jedes Unglück eine Art Baustein war und mich etwas auf meinem harten Weg gelehrt hat.

Jedes persönliche Unglück von damals ergibt somit für mich aus heutiger Sicht einen Sinn.

Glück im Unglück.

Das klingt absurd?

Ich weiß.

Aber stell dir kurz vor, du hättest keine harten Zeiten durchgemacht und kein Unglück erlebt. Würdest du heute in der Lage sein, Menschen und ihr Schicksal, ihre Probleme, ihr Unglück zu verstehen?

Könntest du dich mit ihnen identifizieren? Ihnen helfen?

Würdest du nicht eher von oben herab urteilen, weil es dir gut geht und du einfach nicht nachvollziehen kannst, wie es sein kann, dass jemand Drogen verkauft, Mitglied in einer kriminellen Gang ist oder einen Raubüberfall begeht?

Nicht, dass ich all das rechtfertigen will, aber da es nun mal Teil der Realität ist, und zwar überall auf der Welt, sollte man sich auch Gedanken über diese Mitmenschen machen und darüber, wie es ihnen so ergeht.

Weggucken geht nicht.

Schließlich könnten diese Menschen euch eines Abends, wenn du mit deiner Lebensgefährtin auf dem Heimweg vom Kino bist, anpöbeln. Vielleicht ist einer von ihnen angetrunken. Vielleicht ist einer high. Womöglich sind sie bewaffnet. Was dann geschehen könnte, könnte dein ganzes Leben radikal verändern.

Diese Menschen könnten aber auch deine Cousins in einer anderen Stadt sein. Also dein Fleisch und Blut.

Weißt du was? Du könntest einer dieser Menschen sein!

Wenn ich heute von Kindern höre, die von der Schule geflogen sind, oder von Heranwachsenden, die ins Gefängnis kommen, kann ich mich ein Stück weit in ihre Lage hineinversetzen, statt sofort negativ über sie zu urteilen und sie als »Loser« abzustempeln.

All meine negativen Erfahrungen, all das Unglück, das ich verarbeiten musste, um überhaupt etwas aus mir machen zu können, motivieren mich umso mehr, diese Zeilen zu schreiben.

Rückblickend kann ich also auch in dieser Hinsicht meine unglücklichen Erfahrungen als Glück betrachten, denn sie geben mir das Material aus erster Hand, um dir eventuell helfen zu können, das Leben zu meistern.

10 ÜBERNIMM VERANTWORTUNG!

Es liegt wahrscheinlich in der Natur des Menschen, dass er, wenn es schlecht läuft, die Schuld bei anderen sucht. Es besteht kein Zweifel daran, dass wir Menschen in der Lage sind, jeden und alles für unser eigenes Versagen schuldig zu sprechen. Das fällt uns leicht. Wir können das. Nur sehr ungern blicken wir in den Spiegel, um die Schuld bei uns selbst zu suchen.

Meine Eltern zogen aus Spandau nach Wedding, und ich musste fast 10 harte Jahre durchmachen. Mir blieb keine andere Wahl. Ich musste in einer teilweise extrem feindlich gesinnten Nachbarschaft überleben. Das war keine leichte Herausforderung. Meine Strategie war, mich meinem Umfeld anzupassen und auf keinen Fall aufzufallen. Ich wollte, dass alle um mich herum vergessen, dass ich ein Jude bin. Mit dem jüdischen Glauben und religiösen Vorschriften hatte ich eh nichts am Hut. Weder betete ich in irgendeiner Synagoge, noch aß ich koscher. In dem Sinne war es sehr einfach für mich, mich anzupassen, da ich nichts an mir hatte, das mich von den anderen unterschied. Ich zog mich so an wie alle und sprach mit demselben Weddinger Akzent. So schaffte ich es sehr bald, viele muslimische Freunde zu haben und Mitglied verschiedener Straßengangs zu werden.

Doch mitgefangen, mitgehangen. Fast alle waren kriminell. Ich somit auch. Wie gesagt, ich durfte nicht anders sein. Musste bei allem mitmachen. Am besten in erster Reihe.

So führte das eine schnell zum anderen und ich wurde mehrmals von der Polizei erwischt. Anfangs wurde ich verwarnt, dann bekam ich mehrfach Sozialstunden aufgebrummt und wurde für kurze Zeit eingelocht.

Die Schuld für mein Versagen gab ich selbstverständlich meinen Eltern. Schließlich waren sie es, die mich in die »Kriegszone« Berlins hineinkatapultiert hatten. Sie hätten in Spandau bleiben können, und ich wäre der Welt der Gangs und Kriminalität vielleicht nie begegnet. Doch es kam, wie es kam, und es zog mich runter. Zu allem Übel gab es auch keinen Lehrer, der sich meiner annahm und sich die Mühe machte, mir zu helfen. Warum auch?

Wie gesagt, in den Augen der Lehrer war ich nur ein weiterer frecher muslimischer Jugendlicher, der, statt mit Köpfchen, mit der Faust oder dem Messer handelte. Also hielt man im besten Fall Abstand oder tat alles – wie mein ehemaliger Französischlehrer –, um mich von der Schule zu befördern. Also waren auch die Lehrer schuld an meiner negativen Entwicklung. Davon war ich fest überzeugt. Und ja, auch die Berliner Politik war schuld, weil sie nichts tat, um die Bedingungen im Ghetto zu verbessern, um Hunderte, wenn nicht Tausende Jugendliche davon abzuhalten, in die Kriminalität abzusteigen, gewalttätig zu sein und letztendlich die Gefängnisse zu füllen.

Das erste Mal, dass ich wirklich in mich ging und anfing zu akzeptieren, dass ich auf dem besten Weg war, mir mein eigenes Grab zu schaufeln, war, als ich hinter Gittern saß. Ich hatte nämlich plötzlich nichts außer viel Zeit zum Nachdenken. Ich sah ein, dass ich aufhören musste, alles und jeden für meine Lage verantwortlich zu machen, und es stattdessen höchste Zeit war, Verantwortung für meine Taten zu übernehmen.

Verantwortung zu übernehmen, um mein Leben geradezubiegen. Verantwortung übernehmen und erwachsen werden.

11 GLAUB AN DICH!

Ich hatte nichts. Ich war nichts. Ich wusste nichts.

Okay, ganz so schlimm war es nicht, denn schließlich wusste ich sehr wohl, in welchem Bezirk welche Gang das Sagen hatte und welche Sprüher etwas draufhatten. Von Goethe und Schiller hatte ich nicht den blassesten Schimmer und auch nicht, was es mit dem Holocaust auf sich hatte – und das als Jude.

Ich habe nicht an mich geglaubt.

Das ging nicht nur mir so. Viele der Jugendlichen im Wedding glaubten nicht an sich. Umso einfacher war deshalb der Schritt in die »Parallelgesellschaft«, in die »Schattenwelt«, in die Kriminalität.

Ich hatte zumindest das Abitur geschafft, wenn auch nur mit einem Notendurchschnitt von 3,1. Das war schon mal etwas. Nicht wenige hatten im besten Fall einen Real- oder Hauptschulabschluss. Viele nicht einmal das.

Im Alter von 19 Jahren hatte ich keine besonderen Fähigkeiten. Keine Ahnung von Technologie. Keine Ahnung von Handwerk. Keine besonderen Sprachkenntnisse. Eigentlich hatte ich nichts gelernt. Mein Wissen war auf dem Level des 13-Jährigen, der in einer guten Nachbarschaft aufgewachsen ist und nicht auf der Straße abhing, stehen geblieben.

Was hatte ich vorzuweisen?

Nur eine kriminelle Vergangenheit. Kein Wunder, dass ich keinen vernünftigen Beruf als Option wahrnahm.

Ich glaubte nicht an mich. Andere um mich herum allerdings schon. Nicht nur Sebie, auch Jessica, Sinan und Serkan. Sie rieten mir, dass ich an mich glauben solle. Sie sahen in mir offensichtlich etwas anderes, als ich in mir sah.

Dank ihnen bin ich nicht weiter abgerutscht.

Dank ihnen fing ich an, an mich zu glauben. Ich fing an, mich zusammenzureißen, arbeitete jahrelang härter als alle um mich herum, denn ich hatte viel aufzuholen.

Ich rettete mich.

Wenn ich es geschafft habe, dann kann es jeder schaffen.

12 WUNDER

Israel hat 1948 gegen fünf arabische Armeen gekämpft und gewonnen.

Das war gerade einmal drei Jahre nach dem Ende des Zweiten Weltkriegs. Die Juden waren am Tiefpunkt ihrer jahrtausendlangen Geschichte angelangt. Trotzdem, oder genau deshalb, besiegten die Juden fünf arabische Armeen, die aus allen Richtungen in das neu gegründete Israel einmarschierten und ihnen haushoch überlegen waren, und jagten sie in die Flucht.

Es war ein Wunder. Daran besteht kein Zweifel.

Es waren die Tage David Ben Gurions, des ersten Staatschefs Israels, dem das folgende Zitat zugeschrieben wird: »Wer nicht an Wunder glaubt, ist kein Realist.«

Ich erinnere mich an eine Situation vor vielen Jahren am Tacheles in der Oranienburger Straße. Wir waren zu sechst und uns standen ungefähr 30 Männer gegenüber, die uns mit Schlagstöcken und Straßenschildern bedrohten. Es war nicht unser Revier.

Ich unternahm den Versuch, zu vermitteln, doch ehe ich mich versah, nahmen meine Kumpels die Beine in die Hand und rannten, was das Zeug hielt. Ich zögerte eine Sekunde, bevor auch ich losrannte.

Das war eine Sekunde zu viel.

Mir wurde ein Straßenschild über den Schädel gezogen und ich dachte, mein Kopf breche in zwei Teile. Ich war sehr gut im Sprint und hing die Verfolger schnell ab, doch ich war sehr schlecht auf Langstrecke und musste mich erholen, also rannte ich mit letzter Kraft in eine McDonald's-Filiale, setzte mich an einen Tisch und hielt mir mit beiden Händen meinen Kopf, als ob ich ihn vor dem Auseinanderfallen bewahren wollte.

Ich bat darum, mir einen Krankenwagen zu rufen.

Nur wenige Sekunden später stand ein Dutzend Männer neben und hinter mir und fing an, auf mich einzuschlagen. Ich sprang auf und schlug um mich, als ob es kein Morgen gäbe. Mir floss Blut über das Gesicht und ich war allein und unbewaffnet; sie hingegen waren viele, sie waren bewaffnet, und niemand von ihnen kämpfte mit einem zerschlagenen Schädel. Ich kämpfte im wahrsten Sinne des Wortes um mein Leben und schlug sie tatsächlich in die Flucht.

Ich kann nicht genau erklären, wie ich das damals geschafft habe, doch ich erlitt in diesem Kampf nicht einmal eine kleine Schramme.

Auch das war für mich ein Wunder. Zweifellos.

Man kann versuchen, Wunder zu erklären. Ich habe mir den Sieg Israels 1948 anhand meiner eigenen kleinen Anekdote im McDonald's in der Oranienburger Straße erklärt.

Ich glaube, es ist wichtig, an Wunder zu glauben. Insbesondere an Wunder, die geschehen können, wenn man ihnen den Weg bahnt. Denn von nichts kommt in der Regel nichts.

Als ich in der 6. Klasse der Konkordia Grundschule in Spandau eine Hauptschulempfehlung erhielt, war von Anfang an klar, dass meine Klassenlehrerin nicht annahm, dass aus mir einmal etwas werden könnte. Heute habe ich einen Master-Abschluss von der Hebräischen Universität Jerusalem, der Elite-Schmiede des Landes, in der Tasche, spreche zehn Sprachen, arbeite in einer hohen Position in der Regierung, schreibe Bücher und Zeitungsartikel, halte Vorträge und Lesungen und habe über 20.000 Follower auf Facebook.

Ich glaube an Wunder!

Insbesondere an Wunder, die man mit harter Arbeit »herbeizaubern« kann.

KAPITEL 2
FRANZÖSISCH – JA ODER NEIN?

Es heißt nicht umsonst »Bildung ist der Schlüssel zum Erfolg«.
Und nicht »nur« Bildung, sondern auch Fleiß.

In diesem Kapitel will ich dir ein paar Weisheiten mit auf den Weg geben, die dich hoffentlich davon überzeugen, dass keine Minute, die du ins Lernen investiert hast, eine verschwendete Minute war.

13 »ICH BRAUCHE KEIN FRANZÖSISCH!«

Leider erhielt ich in der 6. Klasse nur eine Hauptschulempfehlung, obwohl meine Noten größtenteils befriedigend waren. Andere Kinder mit denselben Noten erhielten eine Realschulempfehlung. Grund dafür war angeblich, dass mein Verhalten nicht dem eines Realschülers, geschweige denn eines Gymnasiasten, entsprach.

Meine Eltern waren außer sich und baten um ein Gespräch mit der Schuldirektorin und der Klassenlehrerin. Um es kurz zu machen, ich weiß nicht wie, aber meine Eltern schafften es, eine Realschulempfehlung herauszuholen. Ihr Einsatz zahlte sich aus.

Hätten meine Eltern die nicht berechtigte schlechte Empfehlung einfach so hingenommen, dann hätte ich auch den Sprung aufs Gymnasium nicht geschafft und mein ohnehin schlechter Werdegang während meiner Jugendjahre wäre noch um einiges dramatischer verlaufen.

Ich gehe davon aus, dass viele andere Eltern sich nicht so für ihr Kind einsetzen würden, und das auch noch in gebrochenem Deutsch. Es gibt also Kinder, die vielleicht ein wenig temperamentvoller sind als der deutsche Durchschnitt, die aber intelligent und voller Willen sind, etwas aus ihrem Leben zu machen. Doch sie werden schon in der Grundschule gebremst.

Es besteht die Gefahr, wie in meinem Fall, dass sich diese Kinder schon im frühen Alter als Versager abgestempelt fühlen und sich nicht vorstellen können, dass aus ihnen einmal etwas werden kann. Wenn sie keine aufbauenden Worte von den Lehrern erhalten und ihnen auch zu Hause von der Familie nicht unter die Arme gegriffen wird, dann kann ein Kind schon im Alter von 10 Jahren, insbesondere in Problembezirken, auf die schiefe Bahn geraten. Denn auf der schiefen Bahn kann man sich Gehör und Respekt mit Fäusten, Messern und Mut verschaffen, ohne besonders belesen sein zu müssen.

Da ich bis zu meinem 13. Lebensjahr in Spandau aufwuchs, also in einer relativ gutbürgerlichen Gegend, und meine Eltern mir immer klar machten, dass das Ziel meines schulischen Werdeganges sei, direkt im Anschluss an die Schule an einer Universität zu studieren, stand mir eigentlich nichts im Wege.

Nichtsdestotrotz hatte die Hauptschulempfehlung großen Einfluss darauf, wie ich mich selbst wahrnahm. Ich wollte nicht wirklich an mich glauben, obwohl ich am Carl Friedrich von Siemens Gymnasium angenommen worden war. Das ging so weit, dass ich mich in der 7. Klasse weigerte, meinem Französischlehrer vor versammelter Klasse eine Antwort im Unterricht zu geben. Ich hatte einfach kein Interesse, Französisch zu lernen, und wollte nicht einsehen, warum ich dazu gezwungen wurde, eine Sprache zu lernen, die ich – davon war ich fest überzeugt – nicht für mein Leben brauchen würde. Also, wozu meine Zeit verschwenden und etwas lernen, was keinen Zweck erfüllt? Vor versammelter Klasse sagte ich ihm: »Ich brauche kein Französisch!« und er antwortete: »Du kannst doch heute nicht wissen, was du eines Tages eventuell brauchen wirst.« Im Brustton der Überzeugung erwiderte ich ihm: »Doch, ich weiß, dass ich kein Französisch brauchen werde.«

Damit war das Gespräch beendet.

Bei der ersten Gelegenheit, die ich hatte, wählte ich Französisch ab, und mir fiel eine schwere Last vom Herzen. Was für eine nervige Sprache. Endlich war ich sie los, dachte ich.

Doch es sollte anders kommen.

Viele Jahre später, als ich verstand, dass ich Berlin verlassen musste, um mein Leben zu retten, schrieb ich mich für ein Programm für Freiwillige in einem Kibbuz in Israel ein. Es war mein erster längerer Aufenthalt in Israel, sechs Monate am Stück, im Kibbuz Palmachim, wo ich als Freiwilliger die Hälfte des Tages arbeiten musste und die andere Hälfte des Tages Hebräisch-Unterricht hatte.

Unter den rund 50 anderen Freiwilligen befanden sich nicht wenige, die aus Frankreich und Belgien kamen. Sie sollten meine engsten Freunde werden. Sie sprachen Französisch. Den ganzen langen Tag. An bestimmte Worte und Redewendungen konnte ich mich noch erinnern und warf immer mal wieder gerne etwas dazwischen, sehr zur Begeisterung meines neuen Freundeskreises. Schnell wollte ich plötzlich mehr verstehen, um mitreden zu können, und verabredete mich mit einer neuen belgischen Freundin namens Sharon zu einem Deutsch-Französisch-Tandem jeden Abend. Sie hatte in Belgien Deutsch gelernt, die Sprache jedoch nie praktiziert, und wollte mit meiner Hilfe ihr Deutsch verbessern. So halfen wir uns gegenseitig, und schneller, als ich mir hätte vorstellen können, peppte sie mein Französisch auf, so dass ich sehr bald schon ohne Probleme mitreden konnte, wenn es mal wieder auf Französisch drunter und drüber ging.

Doch damit nicht genug.

Meine neu entdeckte Liebe zur französischen Sprache und meinen Freunden bewegte mich dazu, nach sechs Monaten Israel einen mehrmonatigen Abstecher nach Paris zu machen, um mein Französisch vor Ort zu perfektionieren und zu prüfen, ob ich in Paris studieren möchte und mich für die kommenden Jahre in der Stadt niederlasse. Schlussendlich ließ ich mich nicht in Paris nieder. Paris erinnerte mich zu sehr an Berlin. So zog ich nach Los Angeles und von dort Anfang 2001 nach Israel. Wieder in Israel angekommen – ohne Geld, Ausbildung und ohne ein abgeschlossenes Studium – musste ich schauen, wie ich in den ersten Jahren über die Runden komme. Neben dem Studium in Israel arbeitete ich teilweise in neun Nebenjobs parallel. Einige dieser Jobs setzten Französisch auf Muttersprachenniveau voraus. Ich wurde angenommen und hatte riesige Freude, auf Französisch zu arbeiten, und das mit vollem Erfolg.

Doch auch damit nicht genug.

Meine jüngere Schwester Liora Shore verliebte sich in einen Franzosen und heiratete ihn. Seine gesamte Großfamilie sprach keine andere Sprache außer Französisch. Ich glaube, ich muss nicht weiter erklären, wie gut der große Bruder von Liora, aufgrund seiner Französischkenntnisse, bei der Familie ankam.

Das Leben ist voller Überraschungen!

Immer wenn ich Französisch rede, erinnere ich mich bis heute zurück an die 7. Klasse im Carl Friedrich von Siemens Gymnasium und wie ich meinem Lehrer im Brustton der Überzeugung sagte: »Ich brauche kein Französisch!«

Die Lektion, die ich aus der Geschichte gezogen habe, ist, dass niemand in die Zukunft schauen kann und man somit niemals weiß, was einmal hilfreich sein kann.

Alles, wirklich alles, was man auf dem Weg lernt, ist wichtig.

14 LERN, LERN, LERN!

»Lernen ist wie Rudern gegen den Strom – wer aufhört, treibt zurück.«

Chinesisches Sprichwort

Zu meinem Bedauern hatte ich im Alter von 20 Jahren den Wissensstand eines 13-Jährigen. Außer *Donald-Duck*-Comic-Heften hatte ich im Laufe meiner Kindheit und Jugend kein einziges Buch aufmerksam gelesen. Das war mir in bestimmten Situationen äußerst peinlich. Ich wusste, dass ich viel aufzuholen hatte, nur fiel es mir sehr schwer, einen »Switch« zu machen, den Spaß beiseite zu schieben und Zeit ins Lernen zu investieren.

Mit jedem Tag, den ich älter wurde und nichts Neues dazugelernt hatte, wurde ich zunehmend unruhiger. Es lag an mir und nur an mir, das zu ändern.

Mir persönlich half der Standortwechsel.

Während ich in Berlin abgelenkt war, konnte ich mich während des Programms als Freiwilliger in einem Kibbuz besser konzentrieren und Bücher lesen. Unzählige Stunden investierte ich ins Lernen verschiedenster Dinge. Von Politik, Religion und Geschichte bis hin zu Sprachen, Tierwelt und Medizin. Ich hatte einen unendlichen Wissensdurst und fühlte buchstäblich, wie alles Neugelernte mich als Person selbstbewusster machte.

Doch das mit dem Lernen ist tricky, weil es wie ein offenes Loch ist. Es gibt so viel zu lernen und man kann wahrscheinlich jeden Tag rund um die Uhr lernen und wird am Ende des Lebens immer noch nicht annähernd alles verstehen und wissen können.

Aber wenn man erst einmal anfängt, zu lernen, dann merkt man auch sehr schnell, wie man dranbleiben muss, um in vielen Themenbereichen up to date zu sein, und dass man sich eigentlich keinen einzigen Tag Pause gönnen kann.

Lernen, jeden Tag, ist unersetzlich, wenn man es im Leben zu etwas bringen will.

15 EINE SACHE BEHERRSCHEN, ABER VON VIELEM ETWAS VERSTEHEN

Als Kind wollte ich Fußballer werden. Das stellte ich mir als meinen zukünftigen Beruf vor. Nichts anderes. Ich war schließlich relativ begabt in Sachen Fußball, doch besonders herausragend war ich nicht. Dabei war Fußball das Einzige, was ich wirklich konnte. Von nichts anderem verstand ich etwas. Das blieb auch so bis in meine späten Jugendjahre. Mit 17 fing ich an, nebenbei zu arbeiten. Mein erster Job war im Lager eines Möbelgeschäfts namens Domäne, das sich in der Nähe der Osloer Straße befand. Dann räumte ich im Supermarkt auf der Bad-Straße Regale ein. Danach verteilte ich Zeitungen. Später produzierte ich bei McDonald's Hamburger. Alle meine Jobs hatten eine Sache gemeinsam: Ich musste nicht viel im Kopf haben.

Rückblickend bin ich der Meinung, dass jeder einzelne Job mir etwas auf den Weg mitgegeben hat, und das ist Erfahrung. Erfahrung mit Kundendienst, mit Mitarbeitern, mit Stresssituationen, mit Disziplin und Durchhaltevermögen und vielem mehr. Jede neue Bekanntschaft – ob mit Menschen, Büchern oder Jobs – lehrte mich etwas Neues. Wenn man das nur lang genug macht, dann weiß man irgendwann, dass man von vielem etwas versteht.

Das ist in meinem Fall ganz besonders so, weil ich einerseits Straßenerfahrungen mit der kriminellen »Parallelwelt« gemacht habe, in vielen einfachen Jobs gearbeitet habe und mittlerweile eine ganze Reihe von wichtigen Positionen ausgefüllt habe. Mein Werdegang ist kein durchschnittlicher. Das stimmt. So habe ich in verschiedensten Richtungen Erfahrungen sammeln können und weiß, dass ich von vielem etwas verstehe, wenn auch nur ansatzweise. Aber oftmals reicht es aus, um bestimmte Situationen im Erwachsenenleben besser verstehen und einordnen zu können.

Doch von vielem etwas zu verstehen, reicht nicht. Man muss sich auf eine Sache konzentrieren und diese eine Sache, so weit es geht, beherrschen, denn sie wird es sein, die für den Lebensunterhalt sorgen wird.

16 WAS DU NICHT KANNST, DAS KANNST DU HALT NICHT

Meine Frau wirft mir manchmal vor, dass ich kein richtiger Mann sei. Warum? Weil ich mich selbst mit den einfachsten Handwerksarbeiten schwertue beziehungsweise es nicht einmal versuche. In der Regel bitte ich direkt jemanden um Hilfe. Ich meine damit nicht, komplizierte Schuhschränke zusammenzubauen oder mit der Bohrmaschine eine Lampe an der Decke anzubringen. Selbst wenn es nur darum geht, eine Glühbirne zu wechseln oder ein Bild anzubringen, fange ich an zu stottern und zu schwitzen, weil ich weiß, dass ich, wenn ich es angehen würde, wie ein vollkommener Depp dabei ausschauen würde. Mit großer Wahrscheinlichkeit würde ich selbst die einfachsten Handwerksarbeiten nicht gut verrichten und zum Ärger meiner Familie beitragen.

Versteh mich nicht falsch, ich habe in meinem Leben schon Schuhschränke zusammengebaut und Glühbirnen gewechselt. Sogar mit Erfolg. Es war aber immer eine riesige Herausforderung und es machte mir einfach nie Spaß. Irgendwann habe ich deshalb einfach die Finger vom Handwerk gelassen und jedes Mal, wenn etwas Derartiges anlag, meinen Bruder, Schwager oder Nachbarn gebeten, mir kurz behilflich zu sein. Ich spendierte den Kaffee und alle waren glücklich.

Bis auf meine Frau.

Sie wünscht sich mehr Einsatz von mir, und ich wehre mich dagegen. Mittlerweile eher aus Prinzip als aus Vernunft. Warum muss ich unbedingt wissen, wie man mit der Bohrmaschine umgeht? Ich bin in dieser Hinsicht einfach nicht talentiert und kann und will damit leben. Es gibt so viele andere Dinge, die ich besser kann als viele um mich herum, und das sind meine Stärken, auf die ich mich konzentriere.

Meiner Meinung nach muss man seine Zeit nicht für das Erlernen von Dingen verschwenden, die einem nicht liegen, keinen Spaß machen und einen auch nicht wirklich weiterbringen im Leben.

Nach der Logik: »Was ich nicht kann, das kann ich halt nicht.« *Live with it!*

Und konzentriere dich auf das Wesentliche.

17 TECHNOLOGIE

Meine Eltern versprachen mir, dass sie mir einen Computer schenken würden, wenn ich das Probehalbjahr auf dem Gymnasium bestehe. Ich wollte den Computer, also bemühte ich mich und schaffte, auch wenn nur ganz knapp, das Probehalbjahr. Ein weißer C64 war mein Geschenk und er trat in mein Leben in Begleitung eines richtig dicken Handbuches, dessen Anblick allein mich müde machte. Da stand er nun, der C64, und neben ihm auf dem Boden lag der Fußball. Ich entschied mich für den Ball. Jeden Tag. Immer wieder.

Ich glaube, ich übertreibe nicht, wenn ich schreibe, dass ich keine Stunde am Stück am Computer verbrachte. Vielleicht wäre meine Beziehung zum Computer anders verlaufen, wäre er doch nur in Begleitung mehrerer Spiele statt eines dicken fetten Handbuches gekommen.

Im Gegensatz zu anderen Kindern, die Spaß am Computer hatten, entwickelte ich eine tiefe Abneigung gegen den Computer und alle anderen Geräte, die mit moderner Technologie in Verbindung gebracht werden konnten.

Der C64 staubte zu Hause ein.

Irgendwann war er weg.

Ich kann mich nicht einmal erinnern, wann, wie und wohin. Es war mir so etwas von egal. Einen neuen Computer wollte ich danach auch nicht.

Selbst als Mitte der 1990er Jahre die ersten Handys auf den Markt kamen und meine damalige Freundin sich eins kaufte, war ich dagegen und wollte nicht einsehen, beziehungsweise akzeptieren, dass kleine Computer wie das Handy und große Computer ab sofort Teil unseres Lebens sein würden. Ich war überzeugt davon, dass es nur ein Trend sei und nur einige wenige Leute, wenn überhaupt, daran Gefallen finden würden. Dass schon sehr bald die gesamte Menschheit mehr oder weniger abhängig sein würde von moderner Technologie, nein, so weit konnte ich einfach nicht fantasieren.

Der Zufall wollte es, dass mein bester Freund während meiner Jugendjahre im Wedding ein Computerfreak war. Seine Eltern waren gläubige Muslime und ziemlich streng mit ihm. Er durfte zum Beispiel nicht mehr draußen sein, wenn es dunkel wurde. Also ging er meistens direkt nach der Schule nach Hause, und wir sahen uns in der Regel erst am folgenden Tag in der Schule wieder. Er war ziemlich genervt davon, dass er nachts nicht mit mir durch die Straßen ziehen konnte. Was ich ihm tagsüber erzählte, fand er spannend und er wollte so gerne daran teilhaben. Graffiti Vandalismus, Party.

Obwohl er mir damals leidtat, muss ich rückblickend zugeben, dass ihn seine Eltern vor Schlimmerem bewahrt haben. Sie waren sich schließlich bewusst, dass sie nicht in der sichersten Gegend wohnten, und hatten vielleicht auch schlechte Erfahrungen mit seinem einige Jahre älteren Bruder gemacht, der auch im Wedding aufwuchs.

Wie dem auch sei, für ihn war es jedenfalls Glück im Unglück, dass er deshalb sehr viel Zeit zu Hause verbringen musste. Und womit geht das besser als mit einem Computer?

Das Faszinierende an ihm war, dass er schon mit 16 Jahren ein Selfmade-Computerfachmann war. Er versuchte, auch mich zu überreden, mir einen Computer zu besorgen und mich auf die Zukunft vorzubereiten.

Ich lachte ihn aus.

Jedes Mal, wenn er anfing, mir zu erzählen, was ich seiner Meinung nach verpassen würde, lachte ich laut auf und nannte ihn einen Streber, Computerfreak und Gig.

Dabei hatte er natürlich recht.

Erst viele Jahre später, als ich in Israel den Bachelor-Studiengang begann und alle Arbeiten – wirklich alle – mit dem Computer geschrieben werden mussten, bereute ich meine Sturheit. Ich wusste nicht einmal, wie man ein Word-Dokument öffnet, geschweige denn, dass ich einen blassen Schimmer von Microsoft Office oder Excel hatte. Das alles war mir so was von fremd. Im Gegensatz zum häuslichen Handwerk führte jedoch kein Weg daran vorbei, und so musste ich während des Studiums der Internationalen Beziehungen und Mitteloststudien nicht nur Artikel über den Nahen Osten und Weltpolitik lesen, und das massenhaft, sondern zusätzlich zu den Sprachkursen in Hebräisch und Englisch auch noch lernen, wie ich eine simple Arbeit am Computer abtippe, speichere und abschicke. Ich musste im Alter von

25 Jahren lernen, was mein 9-jähriger Sohn heute schon längst kann. Das ist kein Witz und keine Übertreibung.

Wir befinden uns in einem neuen (Computer-)Zeitalter.

Nichts geht mehr ohne den Computer, modernste Technologie und Hightech.

Je eher man das akzeptiert, umso besser.

Je mehr Zeit man darin investiert, umso besser.

18 EHRLICHES GELD

Mit 17 verkaufte ich Gras.

So tief war ich gesunken. Ich steckte richtig tief in der Tinte.

Wie konnte es nur so weit kommen? In Problembezirken wie meinem ist fast jeder in irgendeiner Weise in illegale Geschäfte verwickelt. Mal mehr, mal weniger. Mal richtig gefährliche Sachen, mal, wie in meinem Fall, soft Kriminelles wie das Graffitisprühen.

Man kann da sehr leicht reinrutschen. Rausrutschen hingegen ist schon sehr viel schwieriger.

Ich verkaufte leichte Drogen, und das obwohl ich neben der Schule auch im Möbellager Domäne arbeitete. Es bot sich an und ich sagte zu. Ich verdiente dabei um einiges besser als im Möbellager. Ich sage es mal so: Bei einem guten Deal verdiente ich so viel wie mit einem Monat Arbeit im Möbellager. Ich konnte mir plötzlich so viel leisten, teure Sneakers, teure Pullis und ich konnte meine Freundin in teure Restaurants ausführen.

Wie sagte Al Pacino alias Scarface noch? »The world is yours.«

Aber ich lebte mit der Angst.

Jedes Mal, wenn ich Gras von A nach B beförderte, war ich einem Herzinfarkt nahe. Jedes Mal. Es war wie ein Horrorfilm. Plötzlich kam mir jeder wie ein Zivilpolizist vor, und überall verbargen sich Fallen. Ich fühlte mich beobachtet und verfolgt. Das ist natürlich pure Einbildung, aber man kann sich da richtig schnell reinsteigern. Erst als die Ware weg war und ich mir eine leckere China-Suppe auf der Osloer Straße, Ecke Prinzenallee gönnte, atmete ich wieder normal.

Ich rate unbedingt davon ab!

Das Geld ist es einfach nicht wert. Das Leben lehrt uns, dass, wenn man lange genug »Kriminelles« macht, es kein Entkommen vor dem Gesetz gibt.

Ehrliches Geld zu verdienen, ist um einiges mühseliger. Daran besteht kein Zweifel. Aber ein wahrer Mann muss diese Herausforderung stemmen können.

Im Film *In den Straßen der Bronx* sagte der Vater, gespielt von Richard de Niro, seinem Sohn C., dass es einfach sei, sein Geld mit Gewalt, Einschüchterungen und Kriminalität zu verdienen, wie es der Mafiaboss Sunny tat. Was wirklich schwierig sei, ist jeden Tag in der Früh aufzustehen, die Busfahreruniform überzuziehen und die Schicht anzutreten. Jeden Tag. Dein ganzes Leben. Stolz auf dich zu sein, dass du in der Lage bist, ein normales Leben zu führen und deine Familie zu versorgen. Auch ich wollte mein Geld auf ehrliche Weise verdienen.

Ich wollte mir beweisen, dass man auch mit legaler Arbeit genug verdienen kann, um sich hin und wieder etwas gönnen zu können. So nahm ich im Laufe meines Bachelor-Studiums neun Teilzeitjobs an. Jeder Job hatte andere Arbeitszeiten und andere Voraussetzungen. So konnte ich an einem beliebigen Tag morgens zur Uni gehen, mittags zwei Stunden in meinem Büro für Internationale Beziehungen an der Hebräischen Universität arbeiten, danach nach Hause gehen, nachmittags einer Studentengruppe aus dem Ausland eine Tour an der Uni geben und nachts auf einem Wachturm an der Uni Wache schieben.

Ja, das ging und es machte mir Spaß, mich täglich aufs Neue beweisen zu müssen.

Zu viele Jahre hatte ich auf der Straße verschwendet.

Nur eins noch: Wenn ich nachts allein auf dem Wachturm saß und es kalt und dunkel war, hatte ich nicht immer einfache Momente mit mir selbst. Nicht selten fragte ich mich, wohin die Reise mich führen würde, und ich hatte nicht den blassesten Schimmer. Was ich wusste, war, dass ich auf dem Wachturm für wenig Geld leiden würde.

Doch ich machte es mit Stolz.

Jahrelang.

Das war der Anfang meines Erwachsenenlebens.

19 OHNE FLEISS KEIN PREIS!

Mein Sohn Raphael ist 2012 in Israel zur Welt gekommen. Ein kleiner süßer Bengel, der mit seinen mittlerweile 9 Jahren schon besser Hebräisch spricht als meine Wenigkeit nach 20 Jahren im Land. Raphael lacht mich gerne aus, wenn ich mal etwas falsch sage oder nicht weiter weiß auf Hebräisch, und nennt mich dann immer »Deutscher« und vergibt mir sofort, weil er versteht, dass ich woanders geboren und aufgewachsen bin. Wie absurd das ist, 23 Jahre habe ich in Deutschland gelebt und ich wurde kein einziges Mal »Deutscher« genannt. Aber das kann Raphael eh noch nicht nachvollziehen und ich spiele einfach mit und antworte ihm mit einem kleinen Lächeln im Gesicht: »Ja, Papa ist auch Deutscher. So wie du Hebräisch kannst, so kann ich Deutsch.«

Mit meiner Frau Liel rede ich Deutsch, also hört Raphael schon sein ganzes kurzes Leben die deutsche Sprache. Obwohl ich ihn normalerweise auf Deutsch anspreche, antwortet er auf Hebräisch. Er versteht wirklich gut, aber er weigert sich (noch), auf Deutsch zu antworten.

Ein kleiner Sturkopf. Von wem er das nur hat?

Ich gehe einfach mal davon aus, dass er die Sprache eines Tages benutzen wird, wenn er wirklich muss. Zu Hause muss er das nicht, weil er weiß, dass Papa und Mama auch Hebräisch können – warum sollte er also in einer Fremdsprache antworten? Im Gegensatz zu ihm habe ich als kleiner Junge mit meinen Eltern Persisch gesprochen, obwohl ich wusste, dass sie auch Deutsch können. Erklären kann ich es nicht.

Es braucht viel Durchhaltevermögen, mit den Kindern in einer Fremdsprache zu sprechen, wenn man die Sprache des Wohnortes beherrscht. Ich ziehe das durch, weil ich fest davon überzeugt bin, dass jede zusätzliche Sprachkenntnis meinen Kindern eines Tages nicht nur helfen *könnte*, sondern definitiv helfen wird.

Raphael ist ein kluger Junge. Wenn ihm etwas, was ihm beigebracht wird, nicht sinnvoll erscheint oder es ihm nicht hilft, lässt er es links liegen. So interessiert ihn die deutsche Sprache derzeit überhaupt nicht, bis auf eine Redewendung:»Ohne Fleiß kein Preis!«

Diese Redewendung ist einfach genial und trifft den Nagel auf den Kopf. Jedes Mal, wenn Raphael nicht aufräumen will oder sich weigert, seine Hausaufgaben zu machen, sage ich zu ihm »Ohne Fleiß kein Preiss« und er bewegt sich.

In den Monaten, in denen er Corona-bedingt nicht immer zur Schule gehen konnte, spielte ich mit ihm Schach. Anfangs war er noch sehr schwach und wusste nicht so richtig etwas mit dem Spiel anzufangen. Dann brachte ich ihm einige Züge bei und bat ihn, mit dem Tablet einige Schach-Lernsendungen zu schauen und dann wieder mit mir zu spielen. Er fing an zu gewinnen. Mittlerweile weiß *ich* nicht mehr so richtig etwas mit dem Spiel anzufangen, weil er mich ununterbrochen schlägt. Dann sage ich ihm:»Siehst du, ohne Fleiß kein Preis. Du hast Zeit investiert, dir Mühe gegeben, das Spiel und gute Züge auswendig zu lernen und gegen mich einzusetzen, und hast angefangen, mich, deinen Schachlehrer, zu besiegen.«

Bei jedem Sieg leuchten seine Augen. Er fühlt regelrecht – und das schon als 9-Jähriger –, dass harte Arbeit und Mühe Früchte tragen werden. Diese einfache Wahrheit ist mir in meiner Kindheit leider nicht mit auf den Weg gegeben worden.

KAPITEL 3
GRUNDBAUSTEINE

So weit, so gut. Wir sind einen gewaltigen Schritt weiter. Jetzt stehst du in den Startlöchern. *First things first*, wie es so schön heißt. Um von Anfang an richtig einzusteigen, solltest du auf die folgenden Ratschläge besonders achtgeben.

20 Hör zu!

Man kann nicht nur, sondern man muss von anderen Menschen lernen. Es spielt dabei kaum eine Rolle, wie alt der andere ist, welchen Beruf er ausübt oder welcher Religionsgemeinschaft er angehört. Das Leben zu meistern, bedeutet, für tägliche Herausforderungen »gerüstet« zu sein. Herausforderungen verschiedenster Natur, für die es keinen »Crashkurs« gibt. Persönliche Erfahrungen eines jeden Menschen sind kostbares Lernmaterial, um insbesondere Krisen und Extremfälle besser einschätzen zu können und zu bewältigen. Aber nicht nur Extremfälle, sondern auch tägliche Hürden im Alltag, um die man nicht drumherum kommt. Praktische Erfahrungen von Menschen helfen in vielerlei Hinsicht mehr als theoretisches Wissen, das einem während der Schullaufbahn oder an der Universität beigebracht wird. Der wahre »Crashkurs« findet nämlich nicht an einer Institution statt, sondern zu Hause und auf der Straße. Deshalb ist es ganz wichtig, Menschen zuzuhören. Bei jeder Gelegenheit die Ohren zu öffnen und genau hinzuhören, wenn jemand von seinen eigenen Herausforderungen erzählt und davon, wie sich die Situation in seinem Fall entwickelt hat, denn seine Situation kann schneller, als du denkst, auch zu deiner Situation werden – ob in der Partnerschaft, im Beruf oder im Straßenverkehr spielt dabei keine Rolle.

Menschen mögen es in der Regel, über sich zu sprechen und ihre ganz persönlichen Erfahrungen mit anderen Menschen zu teilen. Auch ich tue das täglich, wenn ich bestimmte Situationen mit Familie und engsten Freunden bespreche oder in Büchern anderen Menschen von meinen ganz persönlichen Erfahrungen erzähle. Je mehr Zeit und Geduld man investiert, um Menschen zuzuhören, insbesondere älteren Menschen, die zu anderen Zeiten aufgewachsen sind und vieles erlebt haben, oder Menschen, die gezwungen waren, Kriegssituationen über sich ergehen zu lassen, wie nicht wenige der Migranten, die heute in Deutschland leben, umso besser versteht man die Welt und die Natur des Menschen und wird besser »gerüstet« sein.

21 ROM WURDE NICHT AN EINEM TAG ERBAUT

»Geduld ist ein Baum, dessen Wurzeln bitter sind, dessen Frucht aber sehr süß ist.«

Iranisches Sprichwort

Ich werde immer wieder gefragt, wie es sein kann, dass ich als ehemaliges Gangmitglied, das mit einem Bein im Gefängnis stand, heute zehn Sprachen spreche, einen Master-Abschluss mit Auszeichnung an einer Elite-Universität absolviert habe und in hoher Position in der Regierung arbeite.

Ganz einfach, zwischen A und B lagen viele Jahre, in denen ich fleißig war und keinen Tag verschwendet habe, um aus mir noch etwas »Normales« zu machen.

Ich war so unter Druck, dass ich, um verlorene Zeit aufzuholen, dreimal mehr Aktivitäten in meinen Tag gestopft habe als alle anderen, die ich kannte. Während andere es sich einfach und gemütlich machten und nur in einer Sprache kommunizierten, habe ich nicht nur Sprachkurse nebenbei belegt, sondern suchte gezielt Kontakt zu Studenten, die andere Sprachen sprachen, und wurde sogar Teil von Cliquen in den Studentenwohnheimen an der Universität in Jerusalem, in denen nur in Fremdsprachen miteinander kommuniziert wurde.

Dasselbe gilt auch in Bezug auf die Nebenjobs, die ich während meines Studiums ausübte. Da ich nicht aus einem reichen Elternhaus stammte und meine Eltern mir nicht den Lebensunterhalt finanzieren konnten, war ich gezwungen, nebenbei zu jobben. Andere Studenten konnten feiern und Basketball spielen nach der Uni, doch ich musste Geld verdienen.

Zu einem gewissen Zeitpunkt im dritten Jahr meines B.A.-Studiums hatte ich neun Nebenjobs gleichzeitig, die ich auf vor, während und nach der Uni verteilte. Um das kurz zu veranschaulichen, lief ein x-beliebiger Dienstag von mir wie folgt ab: morgens eine Tour für Touristen auf dem Campus, dann einen Uni-Kurs, dann zwei Stunden ins Büro für Internationale Beziehungen an der Uni, dann schnell zum nächsten Kurs, auf dem Weg zur Arbeit in einer Organisation im Zentrum der Stadt etwas gegessen und am Abend zurück ins Studentenwohnheim, um kurz zu duschen, bevor ich die Nachtschicht im Campus-Sicherheitsteam antrat.

Es waren harte Jahre.

Ich hatte keine Wahl.

Es ging nicht nur ums Geldverdienen. Es ging ums Aufholen, Kennenlernen und Knüpfen von Verbindungen.

Rückblickend kann ich sagen, dass es in erster Linie darum ging, mir selbst zu beweisen, dass ich es schaffen kann.

Jahrelanger Fleiß zahlte sich im Endeffekt aus. Ich wäre niemals bei der Regierung angenommen worden, wenn ich mich nicht in der Armee über Jahre hinweg bewiesen hätte. Und ich wäre vorher nicht in der Armee als Sprecher angenommen worden oder hätte den Arbeitsstress ausgehalten, wenn ich nicht vorher schon einige Jahre harte Arbeit hinter mir gelassen hätte. Das eine hat auf dem anderen aufgebaut.

Wie eine Pyramide.

Ich wäre heute niemals da, wo ich bin, hätte ich in den letzten 20 Jahren nicht gefühlte 60 Jahre bewältigt.

22 REDE ÜBER IDEEN!

Als ich 20 Jahre alt war, konnte ich mir in keiner Weise vorstellen, eines Tages einen angesehenen und gut bezahlten Beruf auszuüben. Wenn überhaupt, dann sah ich mich entweder bis ans Ende meines Lebens in einem Möbellager arbeiten oder in einer McDonald's-Filiale Hamburger zubereiten.

Ich war in der Hinsicht absolut keine Ausnahme.

So nahmen sich fast alle wahr, die mit mir damals auf der Straße abhingen. Niemand glaubte wirklich, dass er etwas »Normales« auf die Beine stellen könnte. Einige sahen sich nur für die kriminelle Unterwelt tauglich. Kein Wunder, dass nicht wenige von ihnen im Gefängnis gelandet sind und teilweise bis heute noch nicht ganz sauber sind. Wiederum andere haben den Ausweg in der Religion gesucht und sich den radikalsten Strömungen angeschlossen, wie zum Beispiel Deso Dogg dem Islamischen Staat. Und wiederum andere sind bis heute aktive Mitglieder in Clan- und Rockerbanden geblieben und verdienen ihr Brot und ihre Butter, so wie in ihrer Jugend, mit illegalen Geschäften.

Doch ich wusste, dass das nicht meine Zukunft sein kann und fing an, über Ideen zu reden.

Positive Ideen.

Viele meiner ersten Ideen waren Schnapsideen, wie beispielsweise mit einem deutsch-türkischen Freund einen Dönerladen in Los Angeles zu eröffnen und den Laden innen wie außen komplett mit coolen bunten Graffiti zu bemalen, um den Blick der Passanten einzufangen. Daraus wurde natürlich nichts, weil ich leider kein Startkapital hatte, aber zumindest fing ich an, über Ideen nachzudenken, wie ich mein Leben auf die richtige Bahn kriegen könnte.

Genau das haben alle anderen um mich herum nicht getan. Als ob sie Scheuklappen aufgesetzt bekommen hätten, konnten sie sich aus ihrer kriminellen »Komfortzone« nicht einmal mittels Gedanken und Ideen hinausbewegen.

Niemand motivierte sie auch dazu.

Wer denn auch?

Viele Eltern kämpften selber ums wirtschaftliche Überleben und waren teilweise noch nicht einmal wirklich in Deutschland angekommen. Lehrer waren froh, wenn sie an einem Stück am Nachmittag den Bezirk verlassen konnten, und die Polizei sah nur kriminelles Potenzial, dass es, aus ihrer Sicht berechtigt, zu bekämpfen und nicht zu belehren galt.

Ich hatte Glück, dass meine Mutter mir von klein auf eintrichterte, dass ich eines Tages einmal an einer Universität studieren sollte. Also wusste ich, dass von mir etwas anderes erwartet wurde, auch wenn ich nicht wusste, was ich studieren sollte und was es mir im Anschluss bringen würde.

Über Ideen zu reden, ist der Anfang.

So stieg ich ein ins »normale« Erwachsenenleben.

23 AKZEPTIERE ANDERE MEINUNGEN!

Auf der Straße hört man niemandem zu, der schwächer ist als man selbst. Meinungen von Schwächeren waren nicht relevant, sondern nur das, was die Gang-Spitze entschied. Ich weiß, wovon ich rede, schließlich war ich der Anführer von Berlin Crime. Ähnlich wie in einer Armee, in der normalerweise nicht die Meinung des Soldaten entscheidet, sondern die des Kommandeurs, der die Befehle erteilt. Auch hier weiß ich, wovon ich rede, denn ich diente sowohl in der Bundeswehr als auch bei den israelischen Verteidigungsstreitkräften.

Im »wahren« Leben jedoch ist jede Meinung zu akzeptieren, zu tolerieren und zu respektieren. Solange es keine absolut menschenfeindliche Äußerung ist, ist nicht nur die freie Meinungsäußerung Pflichtprogramm, sondern Meinungen sollten auch nicht diffamiert werden, nur weil man anderer Meinung ist.

Wer andere Meinungen nicht akzeptiert oder, schlimmer noch, sich über Menschen mit anderen Meinungen stellt oder sich über Menschen mit anderen Meinungen lustig macht, könnte zu einer »Persona non grata« erklärt werden oder läuft Gefahr, dass er nur in seiner eigenen (extremistischen) Blase auf Gehör stößt.

Ich weiß aus eigener Erfahrung, wie schwer es für Heranwachsende aus problematischen Verhältnissen ist, anderen zuzuhören oder gar andere Meinungen zu akzeptieren.

Es führt jedoch kein Weg daran vorbei. Man lebt schließlich nicht allein auf dieser Welt und ist in vielen Dingen auf andere Menschen angewiesen. Eine Grundlage für eine positive Beziehung zu anderen Menschen entwickelt sich unter anderem, wenn man bereit ist, mit anderen Meinungen zu leben.

24 SPRACHEN

»Ein Mensch ist so viel wert, wie die Anzahl der Sprachen, die er spricht.«

Kroatisches Sprichwort

Wenn ich auf eine Sache deuten müsste, die ich besser kann als viele um mich herum, dann würde ich, ohne zu zögern, meine Sprachkenntnisse nennen. Von Hause aus spreche ich fließend Persisch, dann lernte ich Deutsch, weil ich in Deutschland aufgewachsen bin, Englisch und Französisch kamen im Laufe meiner Schullaufbahn hinzu, Türkisch und Arabisch habe ich auf der Straße und im Nachhinein an der Universität gelernt, Spanisch durch meinen Aufenthalt in Los Angeles, Hebräisch nach meinem Umzug nach Israel, Portugiesisch wegen einer langjährigen Freundin und Russisch nicht nur, aber in erster Linie, weil meine Frau mit unseren Kindern Russisch spricht. Jede Sprache ist für sich eine eigene Welt, mit eigener Musik, eigenen Witzen, eigenen Gerichten.

In meinem Fall habe ich jede meiner Sprachen komplett ausgelebt, zumindest für einen bestimmten Zeitraum in meinem Leben, und war anhand der Sprachkenntnisse imstande, viele Freundschaften mit Menschen überall auf der Welt zu schließen. Es ist nun mal so, dass man es einfacher hat, Menschen kennen zulernen, wenn man ihre Sprache spricht. Die allermeisten Menschen sprechen höchstens zwei Sprachen und die zweite geht ihnen nicht nahe. So habe ich Freundschaft mit Mexikanern in Los Angeles geschlossen, weil ich mit ihnen auf Spanisch kommuniziert habe, und mit Brasilianern, weil ich mit ihnen auf Portugiesisch lachen konnte.

Mit dem Sprach-Know-how habe ich jedoch nicht »nur« neue Freunde gewinnen und fremdsprachige Texte an der Uni lesen können, sondern konnte auch beruflich extrem damit punkten. So rutschte ich mit Glück in den Job des internationalen Sprechers der Israelischen Verteidigungsstreitkräfte hinein, weil ich meine neuen Vorgesetzten mit meinen Sprachkenntnissen beeindrucken konnte. Niemand konnte internationalen Medien und Politikern aus verschiedenen Ländern sowohl auf Englisch als auch auf Deutsch, Persisch, Spanisch und Französisch Interviews geben und bei Hintergrundgespräche informieren. So deckte ich für die IDF relativ viel ab, und für mich hieß das Arbeit und noch mehr Verantwortung. Es war vielleicht das erste Mal in meinem Leben, dass ich gefühlt habe, dass ich auf Anerkennung stoße. Es hat mich unglaublich motiviert.

So arbeitete ich von morgens in der Früh bis Mitternacht und kam oft nicht einmal dazu, eine anständige Mittagsmahlzeit einzunehmen, weil die Arbeit immer vorging – Arbeit, die einfach nicht aufhören wollte.

Das eine hat dann zum anderen geführt, denn während meiner Jahre als Sprecher der IDF lernte ich auch Mitarbeiter der Regierung kennen, die mich wegen meines unermüdlichen Einsatzes und meiner Sprachkenntnisse zu schätzen wussten und mich im Endeffekt weiterempfohlen haben, sodass ich den Sprung in die Regierung schaffen konnte.

In der Regierung musste ich mich dann wieder fast neu beweisen, doch das »fast« spielte eine große Rolle, denn mein positiver Ruf eilte mir voraus. Nichtsdestotrotz musste ich auch meine neuen Chefs, einen mächtigen Minister und einen Generaldirektor eines Ministeriums, überzeugen. Das geschah natürlich durch harte tägliche Arbeit, aber auch durch bestimmte Situationen, die einen Wow-Effekt ausgelöst haben.

Mit dem Generaldirektor kam es zu genauso einem Wow-Effekt, als wir beide auf der ersten offiziellen Auslandsreise in Washington D. C. in einem Hotel einchecken wollten. Ich unterhielt mich mit dem Rezeptionisten auf Englisch, doch er hatte etwas an sich, dass mich an meine Freunde in Berlin erinnerte, so blickte ich auf sein Namensschild und konnte zu meiner Freude einen türkischen Namen erkennen. Als Nächstes sprach ich ihn auf Türkisch an. Aber damit meine ich kein an der Uni gelerntes Strebertürkisch, sondern Hardcore-Straßen-Türkisch. Der Rezeptionist kam aus dem Staunen nicht heraus und mit ihm mein Generaldirektor, der anhand der Reaktion des Rezeptionisten verstand, dass ich ihn »rührte«. Wir tauschten daraufhin einige Wörter auf Türkisch aus, er kam um die Rezeption herum, um mich zu umarmen. Meinem Generaldirektor sagte er, dass er noch nie einen Nicht-Türken so Türkisch reden gehört hat.

Am selben Abend gingen mein Generaldirektor und ich zum Abendessen in ein brasilianisches Steakhaus. Unsere Kellnerin war eine gebürtige Brasilianerin, und ich sprach sie selbstverständlich sofort auf Portugiesisch an. Auch sie brachte ich zum Staunen und mit ihr meinen Generaldirektor, der nicht glauben wollte, was er da sah.

Jener Tag in Washington liegt mittlerweile über vier Jahre zurück, doch jedes Mal, wenn der Herr Generaldirektor mich seitdem neuen Kollegen vorstellt, erwähnt er, dass ich ein »Sprachgenie« sei und er das live miterleben durfte an jenem Frühlingstag während unseres Besuches in Washington.

Ich denke, dass Sprachkenntnisse allein nicht ausreichen, um in der Berufswelt und auch im Leben allgemein erfolgreich zu sein, aber ich bin fest davon überzeugt, dass jede zusätzliche Sprache, in der man kommunizieren kann, ein zusätzliches »Werkzeug« darstellt und ein Teil deines gesamten Werkzeugkastens wird, das dich stärkt und das du mitbringst, wenn du dich im Leben weiterentwickeln willst.

25 KOMMUNIKATION

Mit Menschen zu kommunizieren, ist das A und O einer erfolgreichen »Integration« in jede Gesellschaft, jede Nachbarschaft, jeden Job und allen voran jede zwischenmenschliche Beziehung. Wie in einer Partnerschaft! Wenn man sich gegenseitig etwas vormacht, dann kann man so vielleicht für einen gewissen Zeitraum miteinander leben. Aber mit der Zeit wird es lästig, wenn beide Seiten wissen, dass ein großes Problem besteht und man es nicht bespricht, nicht benennt und noch schlimmer, seine Existenz sogar abstreitet. Das ist, als säße man im Wohnzimmer auf dem Sofa neben einem riesigen Elefanten und täte so, als wäre er Luft.

Das Vertrauen nimmt ab. Das Gespräch miteinander wird immer trockener und launischer. Plötzlich lebt man nicht mehr miteinander, sondern nebeneinander.

Irgendwann baut sich dann Frust auf. Frust, der zu Abneigung und eventuell Hass führen kann.

Nicht wenige Paare lassen sich scheiden, weil sie nicht in der Lage sind, offen und ehrlich zu kommunizieren und Probleme zu besprechen.

26 Pünktlichkeit

Ich bin im Großen und Ganzen dankbar dafür, dass ich in Deutschland aufwachsen durfte.

Probleme gibt es überall auf der Welt, aber nicht überall bekommt man bestimmte, meiner Meinung nach, positive Werte und Tugenden mit auf den Weg gegeben. Bestimmte Dinge, die man von klein auf beigebracht bekommt und die ganz fest in einem verankert sind.

Das beste Beispiel dafür ist Pünktlichkeit.

Der Deutsche liebt es, pünktlich zu sein. Es ist quasi vollkommen undeutsch, nicht pünktlich zu sein. Wer schon mal zu spät zu einem Treffen kam und mit den strafenden Blicken oder gar Kommentaren seines Gegenübers konfrontiert wurde, der weiß sicherlich, wovon ich rede. Ich nehme an, dass das alle hier schon mehrmals erleben durften.

Pünktlichkeit ist eine sehr deutsche Tugend. Ich finde sie gut. In vielen anderen Kulturen legt man weniger Wert auf Pünktlichkeit. Das nehme ich täglich in Israel wahr. Aber auch in Los Angeles und Paris, wo ich jeweils eine Zeitlang gelebt habe, kamen Menschen oft verspätet zu einem Treffen und haben nicht einmal meinen verstörten Blick verstanden, denn für sie war ich beziehungsweise bin ich derjenige, der übertreibt. Vielleicht ist da auch etwas dran. Warum muss man auch aus Protest direkt auf die Uhr schauen, wenn jemand zwei Minuten zu spät zu einem Treffen kommt?

Wie dem auch sei, aus eigener Erfahrung weiß ich, dass die Menschen in der Regel Pünktlichkeit sehr schätzen. Schließlich hat niemand Zeit zu verschenken.

Der Blick auf die Uhr kann aber auch extreme Situationen verursachen und nicht immer kann man es allen Recht machen. Eine Situation ist mir besonders in Erinnerung geblieben und die möchte ich mit euch teilen.

Nur wenige Monate nach meinem Arbeitsbeginn in der Regierung im Jahr 2017 durfte ich meinen Minister und den Generaldirektor meines Ministeriums nach New York begleiten. Der Minister war unter anderem als Gastredner auf einer Konferenz eingeladen. Wir checkten am Tag vor der Konferenz in einem

Hotel ein, und ich war zuständig für den gesamten Tagesablauf während unseres Aufenthaltes. Das beinhaltete auch die Koordination mit dem Sicherheitsteam und den Fahrern. So musste ich mich mit den Leibwächtern und dem Fahrer vom Minister für den Morgen darauf verabreden. Der Minister sollte die Konferenz um 9:00 Uhr eröffnen. Laut meinen Kollegen war der Konferenzsaal nur zehn Minuten vom Hotel entfernt, doch da ein Mini-Marathon durch New York City geplant war und deshalb viele Straßen gesperrt wären, wurde mir empfohlen, schon gegen 8:30 Uhr das Hotel zu verlassen.

In so einer Kolonne mit Blaulicht fährt es sich ziemlich zügig durch die Innenstadt, selbst bei Staubedingungen. Wir saßen also in einem großen Van, der Minister, neben ihm der Generaldirektor und auf der hinteren Sitzbank ich. Wie erwartet fuhren wir in eine Umleitung hinein und plötzlich war es schon 8:40 Uhr und ich musste feurige Blicke des Generaldirektors ertragen, der fürchtete, dass wir zu spät losgefahren waren.

Dann war es 8:45 Uhr und wir waren nur wenig vorangekommen. Nun musste ich nicht nur die Blicke des Generaldirektors ertragen, sondern auch noch seine angespannte Frage, ob ich denn die Zeit richtig berechnet hätte? Mein Blick war von jenem Zeitpunkt nicht mehr auf die Straße gerichtet, sondern ausschließlich auf meine Uhr. Ich zählte förmlich die Sekunden mit. Und schneller, als mir recht war, hatten wir schon 8:50 Uhr und waren immer noch unterwegs. Der Generaldirektor drehte sich zu mir um und fing an, mir vorzuhalten, dass ich einen großen Fehler begangen hätte, weil wir aufgrund des Marathons das Hotel schon um 8:00 Uhr hätten verlassen müssen. Jeder Versuch, ihm zu erklären, dass ich den Weg und die Zeit sowohl mit dem Sicherheitsteam als auch dem Fahrer abgesprochen hatte, scheiterten. Er glühte vor Wut.

Mir war es besonders unangenehm, weil ich mein gesamtes Leben darauf Wert gelegt hatte, pünktlich zu sein, und gerade bei meiner ersten Auslandsreise mit meinem Minister war ich nahe daran zu versagen und meiner »deutschen Identität« keine Ehre zu erweisen.

Während dieser 20 Minuten, die ich hinten im Van saß und vor Sorge, dass wir zu spät kommen würden, fast einen Herzinfarkt bekommen hätte, saß der Minister vollkommen entspannt auf seinem Sitz und blickte auf sein Handy. Wahrscheinlich lass er die Nachrichten und ging auch noch einmal seine Ansprache durch und bekam nicht einmal mit, dass der Generaldirektor unter Druck geriet und mir wütende Blicke und Kommentare zuwarf. Der Minister blickte während der Fahrt nicht auf und schaute auch nicht auf die Uhr, er bekam also überhaupt nichts mit und war sich sicher, dass alles nach Zeitplan ablief.

Plötzlich waren wir da.

Es war 8:55 Uhr.

Der Minister stieg mit einem breiten Lächeln aus dem Van und wurde von dem Veranstalter empfangen. Gemeinsam betraten wir den Backstage-Bereich der Konferenz und der Minister hätte nach Zeitplan in einer Minute auf die Bühne gehen müssen. Also perfektes Timing.

Doch es sollte anders kommen.

Es gab eine kurze Verzögerung und so bat man mich, dem Minister auszurichten, dass er erst gegen 9:20 Uhr auftreten würde. Mit dieser Nachricht begab ich mich daraufhin zum Minister, der bis zu jenem Zeitpunkt sehr gut gelaunt war. Als ich ihm dann sagte, dass er erst in circa 15 Minuten dran sei, verschwand sein Lächeln und er sagte mir wütend: »Wie kann es sein, dass wir so früh hier eingetroffen sind? Du hast die Zeit nicht richtig berechnet und jetzt sitze ich hier und verschwende kostbare Zeit.«

Rückblickend ist es eine lustige Anekdote, doch du kannst dir sicherlich vorstellen, wie dumm ich mir an jenem New Yorker Morgen vorkam.

27 SEI NEUGIERIG, ABER NICHT GIERIG!

Es ist wichtig, Fragen zu stellen und neugierig zu sein, Durst nach mehr Wissen und mehr Verständnis zu haben.

Man lernt schließlich nie aus und es gibt ohne Ende Dinge, die man wissen sollte, um in der Lage zu sein, ein normales, wenn nicht gar ein erfolgreiches Leben zu führen.

Gleichzeitig sollte man aber seine Neugier und sein Auftreten kontrollieren und sich nicht gehen lassen. Sonst läuft man schnell Gefahr, zu übertreiben, andere zu nerven oder, noch schlimmer, gierig zu wirken, was wiederum viele Menschen abschrecken könnte.

Ich sehe es an meinen kleinen Kindern, die in der Grundschule sind und wirklich einen enormen Wissensdurst haben. Ich fordere sie auch auf, zu fragen, zu fragen und noch mehr zu fragen, um so schnell es geht so viel wie möglich zu verstehen. Da sie zum Beispiel im jungen Alter schon mehrere Sprachen verstehen, gehe ich noch einen Schritt weiter und mache hin und wieder Musik in einer Sprache an, die sie nicht verstehen, und frage sie, ob sie wissen, in welcher Sprache gesungen wird. Natürlich liegen sie komplett daneben, raten bei französischen Liedern, dass es chinesisch sei, und bei Liedern auf Türkisch, dass es sich um Französisch handeln würde. Aber so entwickeln sie langsam, aber sicher ein Gefühl für verschiedene Sprachen, und ich kann jetzt schon wahrnehmen, dass es sie neugierig macht, Lieder in anderen Sprachen zu hören und Sprachen zu erraten.

Das ist nur ein Beispiel zur Veranschaulichung. Diese Neugier ist eine positive Neugier, die niemanden nervt oder abschreckt.

Aus Neugier kann aber auch sehr schnell Gier werden, und das könnte unangenehme Folgen haben. In der Regel beobachte ich das in der Arbeitswelt, wo einerseits jeder Mitarbeiter seinen eigenen Verantwortungsbereich hat, aber andererseits auch nach rechts und links blickt und sich für die Arbeit seiner Kollegen interessiert. Wenn das Interesse an der Arbeit der Kollegen jedoch zu groß wird, kann es vom Kollegen als Bedrohung empfunden werden. Die Befürchtung ist, dass derjenige, der neugierig ist, einem aus Gier etwas wegnehmen oder sich vor den Chefs profilieren möchte.

Also, lass aus Neugier niemals Gier werden.

28 Mut, ohne Übermut

»*Leicht zu leben ohne Leichtsinn, heiter zu sein ohne Ausge-
lassenheit, Mut zu haben ohne Übermut – das ist die Kunst
des Lebens*«

Theodor Fontane, deutscher Schriftsteller

Auf den Straßen Weddings gab es drei Möglichkeiten, um nicht
Gefahr zu laufen, von irgendwelchen durchgeknallten Psychopa-
ten grundlos umgeboxt zu werden: Entweder man war in einer
Kampfsportschule angemeldet und sorgte dafür, dass das alle
wussten, oder man war verrückt beziehungsweise spielte den
Verrückten, von dem man sich besser fernhalten und mit dem
man unbedingt Blickkontakt vermeiden sollte, denn wer weiß, zu
was der imstande ist, oder, dritte Option, man war ausgesprochen
mutig und hatte absolut keine Scheu davor, allein gegen mehrere
zu kämpfen.

Ich war weder verrückt, noch war ich schauspielerisch besonders begabt, um den Verrückten zu spielen. Während andere
Jungs im Box- oder Kickboxverein waren und tagtäglich damit beschäftigt waren, einzustudieren, wie sie jemanden umnieten können, spielte ich Fußball. Und als einziger Jude unter Türken und
Arabern fehlte mir der Mut, um es mit mehreren, die mir Böses
wollten, aufzunehmen.

Doch mir blieb keine andere Wahl.

Ich wurde nicht gefragt.

Mehrmals wurde ich aus dem Nichts angegriffen und war gezwungen, mich allein gegen mehrere Angreifer zu verteidigen.
Wieso wurde ich als 14-Jähriger aus dem Nichts angegriffen? Weil
ich Jude war und nicht wenige meiner Nachbarn es nicht ertragen konnten, dass ein Jude »auf ihren Straßen« unterwegs war.

Was blieb mir für eine Wahl, außer um mein Leben zu kämpfen?

Mit Reden und Bitten kommt man im Ghetto normalerweise
nicht weit, sondern nur mit Fäusten oder mit Messern.

Mein Glück im Unglück war, dass ich mir dadurch, ohne dass
ich es eingeplant hatte, schnell einen Namen machen konnte, als

kleiner Kämpfer. Und das, obwohl ich weder mutig war, noch irgendeinen Kampfsport draufhatte. Ich schlug einfach um mich. Das beeindruckte meine unmittelbare Nachbarschaft und die Angriffe wurden seltener. Glücklicherweise freundete ich mich auch mit einem der bekanntesten Jungs aus dem berüchtigten arabisch-kurdischen El-Zein Clan an und musste fortan nicht mehr jederzeit auf Kampf eingestellt sein, denn mit ihm an meiner Seite traute sich niemand mehr an mich ran.

Mut hat mir somit geholfen, mich zur Wehr zu setzen und nicht zuzulassen, dass man mich misshandelt.

Doch wie der Mut kam, kam auch der Übermut. Schneller als ich dachte, fühlte ich mich wohl in meiner neuen Gangrealität und war plötzlich als Mitglied der Weddinger Gangszene Teil der Angreifer und nicht mehr der Verteidiger. Ich war demnach nicht mehr das einzelne Schaf, das sich gegen eine Gruppe von Wölfen durchsetzen muss, sondern ich war Teil eines Wolfsrudels, das ständig auf der Suche nach einzelnen Wölfen und auch Schafen war.

Es stieg mir zu Kopf.

Aus Mut wurde damit für einen gewissen Zeitraum Übermut.

Bis ich auf die harte Tour erfahren musste, dass Übermut mich das Leben kosten könnte. Das war bei jenem Zwischenfall in Kreuzberg, bei dem ich nur ganz knapp mit dem Leben davonkam. Doch dazu später mehr.

Angriff kann auch im Erwachsenenleben die beste Verteidigung sein.

Angriff erfordert Mut.

Um im Leben aufzusteigen, braucht es nicht nur Glück, sondern auch Mut.

Eine gehörige Portion Mut ist deshalb ratsam.

Übermut hingegen kann einen ganz schnell den mühsam erkletterten Hügel hinunterpurzeln lassen.

29 Immer wieder aufstehen

»Siebenmal hinfallen, achtmal wieder aufstehen.«

Japanisches Sprichwort

Ich könnte ein ganzes Buch darüber schreiben, wie oft ich versagt habe. Kein Scherz! Meilensteine waren unter anderem, am Ende der 6. Klasse eine Hauptschulempfehlung zu erhalten, danach in der 7. Klasse sitzen zu bleiben, in der 11. Klasse von der Schule geschmissen zu werden, mit fast 18 Jahren in einer Jugendarrestanstalt dumm aus dem Fenster zu glotzen und mit 20 ein Verkehrsschild von oben auf den Schädel geschmettert zu bekommen, was mir fast den Kopf in zwei Teile gespalten hätte.

Sehr viel mehr Versagen geht kaum.

In regelmäßigen Abständen fühlte ich mich immer wieder wie ein Versager. Immer wieder. Von Mal zu Mal verkraftete ich es auch schlechter, weil ich älter wurde und plötzlich das Gefühl aufkam, dass ich aus der Spirale des Versagens nicht mehr herausfinden werde.

Und was dann?

Viele Jahre hatte ich auf »Was dann?« keine Antwort und lebte von einer schlechten Situation bis zur nächsten schlechten Situation einfach so vor mich hin.

Es war ein Gefühl der vollkommenen Hilflosigkeit.

An wen hätte ich mich wenden können?

Wenn man immer wieder versagt, bildet man sich ein, dass man auch als Versager vom Umfeld wahrgenommen wird. Um mich herum war allerdings ein Großteil der Jugendlichen in einer ähnlichen Situation, also fühlte ich mich nicht wirklich schief angesehen. Aber kaum setzte ich einen Schritt raus aus dem Wedding, fing ich sofort an, Blicke zu interpretieren.

In der Regel interpretierte ich Blicke negativ. Ob berechtigt oder nicht. Das war mein ganz persönliches Empfinden.

Doch Aufgeben war keine Option!

Ich stand immer wieder auf!

Nach jedem Fall, und es waren noch viel mehr, als ich oben kurz aufgelistet habe, stand ich wieder auf, riss mich am Riemen und machte weiter.

Der positive Nebeneffekt, wenn man fällt, ist, dass jeder Fall einen ein wenig abhärtet und mir zumindest half, furchtloser auf Herausforderungen zuzugehen.

30 DU BIST SO GROSS WIE DIE GRÖSSE DEINES ZIELES

Wer klein denkt und kleine Ziele hat, wird nicht viel erreichen.

Wer sich aber große Ziele setzt, tut sich für seine eigene Ent-wicklung einen großen Gefallen, selbst wenn er sein Ziel nicht erreichen sollte, denn er wird in der Regel irgendwo zwischen klein und groß ankommen.

KAPITEL 4
AM ARBEITSPLATZ

Eine der größten Herausforderungen unseres Lebens ist, in der
Arbeitswelt zurechtzukommen. Insbesondere wenn du wie ich
viele Jahre im falschen Milieu unterwegs warst, solltest du dich
radikal umstellen und dich der Realität eines neuen Arbeitsum-
felds anpassen. In diesem Kapitel gebe ich dir einige wichtige In-
strumente dafür mit auf den Weg.

31 ERSTER EINDRUCK

Was trifft eigentlich eher zu, dass Leute Kleider oder Kleider Leute machen?

Früher hatte ich den Eindruck, dass Modedesigner ihr Geld und ihren Ruhm damit verdienen, der Menschheit ihre ausgefallenen Ideen in Form neuer Kleidungsstyles anzudrehen. Ein großer Erfolg war dann, wenn eine bestimmte neue Kreation *in* war und man es unbedingt tragen musste, um dazuzugehören.

Als 13-Jähriger trug ich Anfang der 1990er deshalb billige Nachahmungen von der Pash-Jeans und Turnschuhe mit zwei Streifen, die den freshen teuren Adidas-Sneakers am nächsten kamen. Meine Eltern sahen nicht ein, warum sie für einen Streifen mehr auf dem Schuh das Dreifache bezahlen sollten. Damals musste ich mit dem Spott einiger Jungs auf dem Fußballplatz leben. Heute, als Vater, kann ich meine Eltern besser verstehen.

Doch Spott tut weh und kann negative Folgen haben.

In der 8. Klasse, kurz vor dem Umzug nach Wedding, wurde ich von zwei Neuntklässlern ausgelacht, als ich mit einer neuen Billigjeans zur Schule kam. Ihren Spruch werde ich nie vergessen: »Hat dein Vater eine Bank ausgeraubt?« Ich lachte mit, aber innerlich tat es weh.

Einer der Hauptgründe, warum ich an jenen Tagen anfing, zu klauen, war, dass ich das tragen wollte, was *in* war, um nicht negativ aufzufallen und kein Außenseiter zu sein.

Als Teenager im Wedding musste deshalb die Gangstergear her: Reebok-Running-Schuhe, schwarze Diesel-Jeans, Carlo-Colucci-Pulli und Leder- oder Bomberjacke. Das war keine billige Angelegenheit, aber als Straßenrowdy finden sich problemlos Wege, illegal an Geld zu kommen, um sich all das leisten zu können.

Ich brauchte Geld, um mich cool kleiden zu können.

Es gab ein bestimmtes Outfit, das Pflichtprogramm war, wenn du in der Gangszene warst. Es war einfach undenkbar, anders herumzulaufen. Dein Outfit hat deinem Umfeld verraten, wer du bist. Mein damaliger Kleidungsstil war eindeutig der eines wilden Weddingers, dem man lieber nicht in die Augen schaut. Das strahlte ich aus, obwohl ich ein lieber Kerl war.

Solange ich so im Wedding herumlief, spürte ich nicht, dass mein Kleidungsstil negative Folgen haben könnte. Zum ersten Mal im Nachteil fühlte ich mich, als ich im Alter von 16 oder 17 versuchte, das Gebäude der jüdischen Gemeinde zu Berlin zu betreten, um Kontakt zu jüdischen Teenagern herzustellen.

Ich wurde mit einem herablassenden Blick angesehen, und das obwohl meine Eltern passive Mitglieder der Gemeinde waren. Man beurteilte mich nach meinem äußeren Erscheinungsbild und das war nun mal nicht das eines gebildeten Jugendlichen aus einer guten Gegend, sondern das eines gefährlichen Jungen aus einer noch gefährlicheren Nachbarschaft.

Auf die unangenehme Weise fing ich an zu verstehen, dass nicht nur Leute Kleider machen, sondern dass – was viel gravierender war – Kleider Leute machen. Dein Kleidungsstil verrät deinem Gegenüber in vielerlei Hinsicht, wer du bist.

Das ist eine wichtige Lektion fürs Leben, denn immer und überall schauen die Menschen zuerst einmal auf deinen Kleidungsstil, bevor du überhaupt zu Wort kommst.

Der erste Eindruck, den andere von dir haben, ist somit nicht nur bestimmt von dem, was du sagst, sondern auch von dem, was du trägst.

Als ich 2017 meinen neuen Job in der Regierung antrat, hatte ich nicht ein einziges Knopfhemd, geschweige denn eine Krawatte, im Kleiderschrank. Mir fiel natürlich sofort auf, dass andere Abteilungsleiter mit ordentlichen Hemden und teilweise sogar mit Krawatte zur Arbeit kamen. Also besorgte ich mir auch zwei Hemden, die ich hin und wieder trug, um nicht komplett anders zu wirken.

So ging ich mal mit Hemd und mal mit Poloshirt ins Büro. Eines Tages kam der Fahrer des Ministers zu mir ins Büro, schloss die Tür hinter sich und fragte mich, wieso ich wie er gekleidet ins Büro käme. Ich schaute ihn verdutzt an und antwortete, dass ich hin und wieder auch ein feines Hemd tragen würde, aber nicht jeden Tag, weil ich keinen Sinn darin sehen könnte, jeden Tag Hemden zu bügeln. Ich weiß noch, wie ich ihm sagte: »Für wen? Für was?« Er antwortete, dass er mich gut leiden könne und mir sehr empfiehlt, jeden Tag mit einem feinen, gut gebügelten Hemd zur Arbeit zu kommen. Man würde schließlich nie wissen, an welchem Tag einem wer über den Weg läuft, und überhaupt würde ich mit einem gebügelten Knopfhemd einen anderen Status ausstrahlen und so auch direkt anders behandelt werden.

Er hatte recht! Und wie.

Mein Freund, der Fahrer des Ministers, riet mir im Endeffekt, nicht im Dresscode eines Fahrers zur Arbeit zu kommen, wenn ich nicht wie ein »einfacher« Fahrer behandelt werden wollte, sondern mit gebügeltem Hemd, um von wichtigen Entscheidungsträgern als gleichrangig akzeptiert zu werden.

Als ich anfing, das zu verinnerlichen, konnte ich das Hemdtragen nicht mehr sein lassen.

Doch als ich mich mal gehen ließ, bezahlte ich sofort den Preis dafür.

Bei einem meiner Besuche in Deutschland hatte ich eine Lampe gekauft, die ich sicher umhüllt von Pullis in den Koffer einpackte. Als ich in Israel landete, griff ich mir den falschen silbernen Koffer und bemerkte meinen Fehler erst, als ich gegen 4 Uhr morgens zu Hause ankam. Genervt musste ich mich somit deshalb wieder anziehen, um die etwa 40-minütige Fahrt aus Jerusalem zurück zum Flughafen anzutreten, den falschen Koffer abzugeben, in der Hoffnung, dass mein richtiger Koffer noch da war und niemand ihn aus Versehen mitgenommen hatte. Aus Faulheit zog ich einen Trainingsanzug und Badelatschen an.

Ich hatte Glück, denn mein Koffer war noch da und ich konnte nach kurzer Prozedur wieder Richtung Ausgang laufen, diesmal mit dem richtigen Koffer in der Hand. Doch dann passierte etwas, was mir noch nie vorher am Flughafen passiert war. Zollbeamte hielten mich an, weil sie den Inhalt des Koffers scannen wollten. Ohne ein Problem zu wittern, willigte ich ein und wurde daraufhin gefragt, wie viel ich denn für die Lampe bezahlt hätte. Für sie müsse ich einen Einfuhrzoll bezahlen.

So kostete mich mein Fehler mit dem falschen Koffer nicht nur viele Nerven, sondern machte mich auch noch um fast 200 Schekel leichter, die ich vor Ort bezahlen musste, wenn ich die Lampe mitnehmen wollte.

Ich werde nie wissen, ob ich an jenem Morgen auch angehalten worden wäre, hätte ich mir die Mühe gemacht, ein Hemd und eine ordentliche Anzughose anzuziehen. Was ich aber weiß, ist, dass ich das Risiko nicht mehr eingehen werde, dass ich aufgrund meiner Kleidung falsch eingeschätzt oder negativ behandelt werde.

32 POSITIVE ENERGIE – POSITIVER EINSATZ

Um etwas aus sich und seinem Leben zu machen, braucht es sehr viel Energie und sehr viel Einsatz.

Die ganze Zeit.

Auch ohne daran etwas zu verdienen. Zumindest nicht immer sofort. Eigentlich steht dieser Punkt genau im Kontrast zu dem »schnellen Geld« und dem »schnellen Respekt«, auf dessen Suche man als Jugendlicher auf der Straße ist.

Es ist unheimlich schwer, jeden Tag aus dem Bett zu steigen, nicht selten in einen kalten Tag hinein, um den vielen täglichen Herausforderungen gerecht zu werden. Doch es führt kein Weg daran vorbei.

Im wahren Leben gibt es nämlich keine Abkürzungen.

Man kann diese Realität des Täglich-neu-liefern-Müssens besser verkraften, wenn man es von vornherein mit einer positiven Attitude angeht.

Während man als Heranwachsender in der Regel das Elternhaus hat, das einem auch in schwierigen Situationen als Rückzugsort dient, wo man normalerweise ohne jegliche Anstrengung mehrere Mahlzeiten am Tag einnehmen kann und einem ein Dach über dem Kopf zur Verfügung gestellt wird, sieht es ganz anders aus, wenn man das Elternhaus verlässt und sich selbst um das Dach über dem Kopf und die Mahlzeiten kümmern muss.

Es gibt nichts Schwierigeres im Leben als das »tägliche Abliefern«.

Um im Sumpf der unendlich vielen Herausforderungen nicht unterzugehen – und das kann schneller passieren, als dir lieb ist –, solltest du mit positiver Energie und positivem Einsatz in den Tag starten.

33 NEUER TAG – NEUER KAMPF

Gestern war gestern. Heute ist heute.
Man kann sich auf den Lorbeeren von gestern nicht ausruhen.
Jeder Tag ist ein neuer Kampf!
Es ist wie ein unendlicher Wettlauf, an dem teilzunehmen du gezwungen bist, ob du willst oder nicht. Du kannst nicht stehen bleiben, denn dann könntest du den Anschluss verlieren. Hast du erst einmal den Anschluss verloren, wird es – in einer sich immer schneller bewegenden Welt – schwierig, das Verpasste wieder aufzuholen.

Du bist schließlich eine »Schraube« im System, und Schrauben lassen sich in der Regel vollkommen problemlos ersetzen.

Du musst davon ausgehen, dass du nicht nur jederzeit ersetzbar bist, sondern dass in nahezu keiner Disziplin so etwas wie ein Vakuum oder Hohlraum, der nicht besetzt ist, existiert. Nehmen wir als Beispiel ein Fußballteam von elf Spielern. Wenn ein Spieler aufgrund einer Verletzung ausfällt, wird er sofort durch einen anderen Spieler ersetzt.

Oder wenn wir uns die geopolitische Weltkarte anschauen, stellen wir fest, dass etwas wie ein Vakuum an Oberherrschaft über den letzten Meter Land nicht existiert. Die »Land-Torte« ist komplett aufgeteilt und nicht ein einziges Stück ist übrig geblieben.

Jeder Raum, jede Position, jeder Job ist heiß umstritten und es herrscht ein Wettbewerb um jeden Platz. Kommst du zu spät oder bleibst, wie oben gesagt, auf der Strecke zurück, wird dein Platz eingenommen und du musst schauen, wie du zurechtkommst.

Mein bester Freund, dem ich dieses Buch widme, konnte mich noch nicht einmal über ein verlängertes Wochenende in Israel besuchen kommen, weil er sich als Selbstständiger in einem Geschäftsfeld betätigt, das sehr viel Konkurrenz hat und auch am Wochenende nicht ruht. Als ich ihn fragte, warum er nicht für drei Tage nach Israel kommen könne, antwortete er mir, dass die Wölfe nur darauf warten, während seiner Abwesenheit in sein Territorium einzudringen, um seine Kundschaft zu übernehmen.

So heißt es auch für ihn: Neuer Tag – neuer Kampf!

34 Humor

»Verstand und Genie rufen Achtung und Hochschätzung hervor, Witz und Humor erwecken Liebe und Zuneigung.«

David Hume, schottischer Philosoph

Durch Verstand, Intellekt und Sprachkenntnisse erlangt man Achtung, aber nicht automatisch Zuneigung.

Witz und Humor hingegen erwecken, auch im ernsten Beruf und Alltag, insbesondere wenn du über dich selbst lachst, Emotionen und in der Regel Zuneigung in deinem unmittelbaren Umfeld.

In meinem Fall hat eigentlich immer gewirkt, dass ich über meine Nachteile Witze gerissen habe. Unter anderem über mein Übergewicht und meine Größe beziehungsweise Kürze. Auch über meine Frisur, die keine ist, weil ich kaum noch Haare oben auf dem Kopf habe, gehen mir nie lustige Bemerkungen aus. Man sieht mir diese Nachteile eh an, also warum so tun, als ob ich mir dieser Dinge nicht bewusst sein würde? Nein, ganz im Gegenteil, dachte ich mir schon immer, lieber darüber lachen. Denn das ist nicht nur sympathisch sondern es lässt deine Nachteile bei deinem Gegenüber eventuell auch ein wenig unbedeutender erscheinen, wenn nicht gar verschwinden.

Ich sage es mal so: Goethe und Schiller konnte ich nie auseinanderhalten, doch einen Witz hatte ich immer parat. Es hat mir geholfen, das Eis zu brechen.

Manche behaupten sogar, dass Menschen mit Humor besonders intelligent wären.

Aus meiner eigenen kleinen Welt kann ich bestätigen, dass man mit Witz und Humor schnell Freundschaften schließen kann. Wie sonst hätte ich als alter Straßenkämpfer Freunde in der »normalen« Welt finden können? Wissen und Intellekt waren schließlich nicht meine Stärken.

Nicht weniger wichtig ist, dass man mit Humor die Aufmerksamkeit eines Menschen auf sich ziehen kann, für den man sich interessiert. Ich konnte auf diese Weise das Interesse einiger Mädchen im Laufe meines Lebens an mir erwecken. Als relativ kleiner, übergewichtiger und nicht besonders intellektueller Mann hatte ich kaum andere Mittel zur Verfügung, um ein hübsches Mädchen für mich zu gewinnen.

Witz und Humor waren somit schon immer in jeglicher Hinsicht Eisbrecher.

Es kann aber auch einfach »nur« eine witzige Situation sein, die man gemeinsam erlebt und die einen zusammenschweißt. Davon hatte ich zahlreiche in meinem Leben, aber einige davon sind mir besonders lebendig in Erinnerung geblieben, wie die folgende.

Es war das Jahr 2014, kurz nach dem mittlerweile vorletzten Krieg zwischen Israel und der Hamas im Gazastreifen. Ich war noch in der Position des IDF-Sprechers und hatte eine Anfrage von einem sehr wichtigen Medienteam aus Europa und Israel reinbekommen. Man wolle gerne eines der israelischen U-Boote, die im Hafen von Haifa liegen, von innen besichtigen und, weil es kurz nach dem Konflikt mit der Hamas war, auch die aktuelle Lage vis-à-vis dem Gazastreifen erklärt bekommen, am besten von einem hochrangigen Offizier vor Ort. Ich leitete alles in die Wege und freute mich auf einen spannenden Tag, denn ich durfte das Team sowohl am Vormittag an der Südgrenze, als auch am Nachmittag in Haifa begleiten.

Nach Tagen der Koordinierung trafen wir uns an der wieder zur Ruhe gekommenen Grenze zu Gaza. Das Medienteam fuhr mit einem Infiniti-Luxussportwagen in Schwarz-Silber-Metallic vor. Das Auto sah aus, als ob es am Tag zuvor ausgepackt worden sei. Nagelneu. Ein Powerwagen. Zugegeben, ich war neidisch, denn ich parkte meinen kleinen eingestaubten Hyundai Getz direkt daneben und fühlte mich plötzlich wie ein kleiner Junge, der sich mit seinem Spielzeugauto neben echte Männer verirrt hat. Schnell befanden wir uns auch schon im Gespräch mit dem Offizier, der aus eigener Initiative, weil der Kontakt so gut war, den Medienmachern noch ein paar zusätzliche Locations zeigen wollte, was dankend angenommen wurde. Ich schaute jedoch auf die Uhr und fing an, mir Sorgen zu machen, ob wir es noch pünktlich nach Haifa schaffen würden.

Wir verabschiedeten uns von dem Offizier und liefen auf unsere nebeneinander parkenden Autos zu. Ich sagte: »Wir sind sehr knapp mit der Zeit und werden wahrscheinlich zu spät in Haifa bei der Marine ankommen.« Daraufhin meinte einer der Journalisten, der auch der Fahrer des Infiniti-Luxuswagens war: »Keine Sorge, wir werden von hier aus direkt zur Autobahn 6 fahren und dann richtig Gas geben, um es noch pünktlich zu schaffen.« Ich fragte: »Wollen wir hintereinander herfahren?« Daraufhin blickte er auf meinen Hyundai Getz und erwiderte spöttisch: »Wir sehen uns dort.«

Noch bevor ich den Gurt anlegen konnte, fehlte vom Infiniti jede Spur. Was für ein dreister Typ, dachte ich mir. So etwas Hochnäsiges und Eingebildetes hatte ich lange nicht mehr erlebt. Das konnte ich mir nicht bieten lassen. Ich wollte deshalb vor ihnen da sein. Gesagt, getan. Ich drückte aufs Gaspedal wie nie zuvor und auch nie danach. Ich fuhr auf Teilen der Strecke fast 200, wo eigentlich nur 110 erlaubt war. Doch ich wollte vor ihnen ankommen. Ich musste vor ihnen ankommen. Ich war schon in Haifa, so ungefähr fünf Minuten vor dem Eingang des Marine-Stützpunktes, da erblickte ich sie, fuhr an ihnen vorbei und sah beim Vorbeifahren, dass sie fröhlich miteinander quatschten und lachten, ohne mitzubekommen, dass ich sie gerade überholte.

Ich kam an, parkte das Auto und stellte mich entspannt an das Tor zur Kaserne. Wenige Sekunden später fuhr der Infiniti vor und alle sahen mich ungläubig an. Mit offenem Mund fragte mich der Fahrer: »Wie hast du das geschafft?«

Noch bevor ich irgendetwas sagen konnte, lachten wir alle laut auf. Diese Situation hat uns zusammengeschweißt. Wir sind seitdem Freunde, und bei jedem Treffen lachen wir gemeinsam über jenen Moment, als der nagelneue Infiniti von einem staubigen Hyundai Getz geschlagen wurde.

35 THINK OUT OF THE BOX!

Man kann es sich im Leben relativ einfach machen, indem man das tut, was alle anderen tun, oder nur das tut, was von einem erwartet wird.

Man kann sich aber auch bemühen, mit Ideen und Initiativen herauszustechen.

Wer der Ansicht ist, dass es nichts zu entdecken gäbe und die Welt kaum noch irgendwelche Erfindungen braucht, der täuscht sich. So wie es immer wieder neue Lieder gibt, mit neuen Melodien und Texten, und immer wieder neue Autoformen, so gibt es keine Obergrenze an Dingen, die man neu erfinden kann und die die Menschheit bereichern und den Menschen weiterhelfen können.

In der Sprache des Jahres 2021 nennt man das »Start-up-Unternehmergeist«. In Israel schießen Start-ups wie Pilze aus dem Boden. Tausende neue Start-ups jährlich, von denen einige Hundert überleben und einige Dutzend sich zu Geschäften entwickeln, die deren Gründer zu reichen Menschen machen.

Diese »Jungunternehmer« in der Start-up-Szene sind oft Menschen, die mit dem System unterfordert sind, wenn man das so sagen kann. Das System, das für uns vorbestimmt, was wir wann und wie zu tun haben. Du weißt, erst Schule, dann Ausbildung oder Universität, danach einen geregelten Job finden, und den bis ins Rentenalter ausüben, um für den Lebensunterhalt aufkommen zu können und dir einmal im Jahr auch einen Sprung nach Mallorca gönnen zu können. Ach so, nebenbei sieht das System natürlich die Gründung einer Familie vor, mit allem Drum und Dran. Das sind zwei Laufbahnen, die parallel zueinander laufen und die wir alle irgendwie managen müssen.

Doch mittlerweile gibt es immer mehr Menschen der jüngeren Generation, die eben keine Lust auf diesen »Standartweg« haben und »out of the box« denken. Dass muss nicht nur deinen beruflichen Werdegang betreffen, sondern kann auch bedeuten, dass du, statt direkt im Anschluss an die Schule ein Studium zu beginnen, erst einmal ein Freiwilligenjahr in einem Land absolvierst, dessen Sprache und Kultur du nicht kennst. So eine Herausforderung zu meistern, würde dir ganz andere Fähigkeiten für deinen

Werdegang mit auf den Weg geben. Überhaupt würdest du die Welt höchstwahrscheinlich anders wahrnehmen. Nicht mehr »nur« aus der deutschen Sicht. Du würdest auch bestimmte Dinge sehen, fühlen und essen, die es eventuell in deinem Heimatort nicht gibt und die du entweder in Form eines Hobbys oder vielleicht sogar als dein Unternehmen, um damit dein Geld zu verdienen, einführen könntest.

Lass uns nur wenige Jahre zurückblicken: Als ich aufwuchs, gab es in Deutschland an jeder Ecke eine Currywurstbude und einen Dönerladen, aber nicht einen einzigen Sushi-Imbiss. Irgendwann führte irgendjemand Sushi in Deutschland ein und seitdem findest du kein Einkaufzentrum, in dem es keinen Sushi-Imbiss gibt.

Wie Sand am Meer gibt es Beispiele von Menschen und ihren Unternehmen, die mit Out-of-the-box-Denken ihr Leben meistern. Unter diesen Lebenskünstlern gibt es nicht wenige, die nicht einmal studiert haben, weil sie so viele Ideen im Kopf hatten, dass sie es so schnell wie möglich angehen wollten, statt ihre Zeit an der Universität zu »verschwenden«.

Mein bester Kumpel während meiner Jugend im Wedding hieß Sinan. Er war so einer. Das »System« hat ihn gelangweilt. Vom Kopf her war er viel weiter als alle anderen um uns herum. Auch er strotzte nur so vor Ideen und Initiativen, die er gerne angegangen wäre. Was ihn jedoch immer aufhielt, war, dass er keine finanziellen Mittel zur Verfügung hatte, um seine Ideen in die Tat umzusetzen. Es waren auch andere Zeiten vor 25 Jahren. Es gab noch nicht das Ecosystem, das auch finanziell schwachen Initiatoren ermöglichte, ihre Ideen und Initiativen einem Unternehmen anzubieten, das mit out of the box denkenden Menschen seinen guten Ruf stärkt.

Doch du lebst heute und nicht vor 25 Jahren, und alle Türen stehen dir offen. Ganz gleich ob du aus einem wohlhabenden Elternhaus kommst oder nicht. Ganz gleich, ob du in einem guten Bezirk aufgewachsen bist oder nicht. Und ganz gleich, ob du einen Universitätsabschluss mit Auszeichnung hast oder eben nicht.

36 AUGE AUF DEM BALL

Wenn du etwas beginnst, dann solltest du es volle Kanne und bis zum Ende durchziehen, insbesondere wenn es von Bedeutung ist.

Wer halbe Sachen macht, wird keinen Erfolg haben. Im Gegenteil.

Je mehr du dich einer Sache hingibst und dich hineinsteigerst, desto größer sind die Erfolgschancen, egal ob im Studium, der Ausbildung, dem Beruf oder einer Partnerschaft. Im Endeffekt wird es dein Aushängeschild sein, wenn du beispielsweise ein Geschäft eröffnest. Warum also nicht mit voller Leidenschaft investieren?

In meinem Fall habe ich es in eine hohe Position in der Regierung gebracht, weil ich die IDF jahrelang mit Herz und Seele vertreten habe und alle um mich herum wussten, dass sie jederzeit auf mich zählen können. Egal wie früh am Morgen, wie spät am Abend und auch während der Wochenenden und Urlaubstage im Ausland – ich war stets erreichbar und es war mir wichtig, das Maximum zu geben. So habe ich mich auch nach dem Studium in Sachen Internationale Beziehungen, Sicherheitsthemen und Medienlandschaft spezialisiert, und das auch noch in mehreren Sprachen.

Das kann mir niemand mehr nehmen.

Das ist mein ganz persönlicher »Koffer«, den ich fortan zu jedem Arbeitsinterview mitnehmen kann und werde.

Das »Auge auf dem Ball« zu halten, gilt aber nicht nur im Erwachsenenleben, sondern fängt früh an. Ich nehme das als Vater von zwei Grundschülern wahr, und zwar täglich. Mir ist zum Beispiel aufgefallen, dass ein Kind im Alter von acht Jahren, wenn man es jeden Tag in einer Sache aufbaut und seine Zeit in diese eine Sache investiert, sehr schnell erfolgreich sein wird.

Im Falle meines Sohnes ist mir besonders aufgefallen, dass er in nur zwei Monaten alle anderen Gleichaltrigen in seinem Schachclub überholt hat und sie besiegt, weil ich mich jeden Abend vor dem Schlafengehen mit ihm hinsetze und ihn beim Schachspielen herausfordere. Die tägliche Konfrontation beziehungsweise Auseinandersetzung mit dem Schachbrett hat sein

Selbstbewusstsein und seinen Kampfgeist in diesem Spiel extrem gestärkt, und das in kürzester Zeit.

Ein anderes Beispiel ist, und das kennen alle Eltern von kleinen Kindern, dass mittlerweile viele Kinder im Grundschulalter schon einen eigenen Laptop, ein Tablet oder ein Handy besitzen, wenn nicht alle drei Geräte. Sie beschäftigen sich täglich mit Spielen, Videos und allem Möglichen, wovon Erwachsene teilweise keine Ahnung haben. Sie können das Tablet besser bedienen als ihre Eltern, die sich nun mal nicht täglich damit beschäftigen. Mein 9-jähriger Sohn kann somit besser mit dem Tablet umgehen als sein 44-jähriger Vater. Das ist irgendwie erstaunlich, aber nun mal ein ganz klarer Beweis von »Auge auf dem Ball«.

Jetzt, da ich mich selber in der Berufswelt befinde und meine Kinder in ihrer kleinen Welt beobachte, fällt mir plötzlich ein, dass es schon während meiner Jugendzeit nur diejenigen zu professionellen Fußballspielern geschafft haben, die jeden Tag trainiert haben, wie zum Beispiel Prince Boateng, der bei mir um die Ecke gewohnt hat. Ich meine damit wirklich hartes tägliches Training und nicht Spaßspiele mit Kumpels auf einem Bolzplatz.

Die Lektion ist einfach: Willst du etwas wirklich, dann häng dich verdammt noch mal rein, ohne Wenn und Aber, ohne Pausen, ohne »mal schauen« und ohne andere Dinge immer wieder deinem Hauptziel vorzuziehen.

37 DAS DETAIL

Menschen neigen dazu, große Dinge wahrzunehmen und weniger aufs Detail zu achten.

Jedoch befindet sich im Detail oftmals die Antwort.

Das Detail könnte tatsächlich den wesentlichen Unterschied zwischen dir und anderen Kandidaten für einen Job ausmachen. Nicht umsonst wird kleinen Kindern beigebracht, sich ähnlich wirkende Bilder kurz anzuschauen und so schnell wie möglich die kleinen versteckten Unterschiede festzustellen. Ein geübtes Auge erkennt kleinste Details schneller als das Auge, das nur gewohnt ist, große Sachen wahrzunehmen.

Wer nicht ins Detail geht, läuft in vielen Lebensbereichen Gefahr, zu versagen. In bestimmten Professionen kann jemand, der nicht aufs Detail achtet, sogar sein Leben riskieren, und das ist keine Übertreibung.

Ein Beispiel, das mir dazu sofort einfällt, ist eine der zentralen Szenen im Film *Inglourious Basterds* mit Brad Pitt, der einen Nazi zur Zeit des Zweiten Weltkrieges spielt, aber in Wirklichkeit ein jüdisch-amerikanischer Nazijäger ist. In der genannten Szene zeigt Brad Pitt einem deutschem Nazioffizier während eines Gesprächs in einem Lokal die Zahl Drei mit drei Fingern, so wie es Amerikaner machen, ohne den Daumen, statt wie Deutsche mit Daumen. Dem deutschen Offizier war somit eindeutig klar, dass sein Gegenüber kein Deutscher sein kann, vollkommen egal wie fließend sein Deutsch auch sein mag.

Genau das meine ich mit »ins Detail gehen«.

Wenn ich mir meine berufliche Laufbahn anschaue, dann hatte ich in jedem Job und jedem Büro immer auf das Detail zu achten.

Als Mitarbeiter der Hebräischen Universität empfing ich zum Beispiel ausländische Gäste, deren Fragen ich beantworten musste. Wie viele Studenten studieren an der Uni? Was kostet das Studium? Wie viele Studentenwohnheime existieren? Gibt es Cafés am Campus? Gibt es auf dem Unigelände religiöse Einrichtungen für jüdische, christliche und muslimische Studenten? Wie viele ausländische Studenten studieren an der Uni und in welchen Fächern? Fragen über Fragen, die ich, als Repräsentant der

Uni, präzise beantworten musste, um auch mein Gesicht zu wahren.

Im ARD-Nahost-Studio war ich unter anderem damit beauftragt, Interviews von einer Sprache in die andere zu übersetzen. Da musste jedes Wort stimmen. Das klingt einfacher, als es ist, denn jede Sprache hat ihren eigenen *vibe* und Slang. Jeder Satz, jedes Wort, jedes Komma musste sinnvoll sein. Wenn du in so einem Beruf schlampig arbeitest und nicht aufs Detail achtest, bist du deinen Job sehr schnell wieder los.

Als offizieller Sprecher der IDF hatte auch jede kleinste Äußerung von mir großes Gewicht. Ich hätte eine Welle nicht wieder gutzumachender Negativschlagzeilen auslösen können, wenn ich mich in Krisensituationen falsch ausgedrückt hätte oder meinen Mitarbeitern eine Pressemitteilung bewilligt hätte, in der falsche Angaben gemacht wurden.

Dass ich in meinem aktuellen Beruf in der Regierung im Umgang mit hochrangigen Vertretern anderer Staaten auch auf jedes Detail achten muss, angefangen vom gebügelten Hemd bis hin zu einer diplomatischen Ausdrucksweise, was mir als ehemaliger Weddinger nicht in die Wiege gelegt wurde, muss ich ganz sicherlich nicht erklären.

Aber auch in der Partnerwahl ist das Detail ausschlaggebend. Jeder kann sich fein anziehen und sich positiv und intelligent geben, aber wenn man ins Detail geht, zum Beispiel auf die Fingernägel schaut oder das Gespräch in eine unerwartete Richtung lenkt, dann kann man in der Regel relativ schnell feststellen, ob der Mensch wirklich gepflegt ist beziehungsweise wirklich so angenehm und intelligent ist, wie er zu sein vorgibt.

Wenn dir in der Partnerwahl viele kleine Details auffallen, die dir nicht positiv erscheinen, dann ist deine Partnerwahl eventuell nicht richtig. Denn viele falsche Details können einen in der Berufswelt den Job kosten und in der Partnerschaft möglicherweise das Leben zerstören.

38 MIT KRITIK UMGEHEN KÖNNEN

Kritik ist unangenehm, manchmal sogar verletzend.

Ich persönlich bin jedoch besser im Beruf geworden und überhaupt im Leben, weil ich sehr oft kritisiert wurde und mich nicht selten erniedrigt gefühlt habe.

Die Erniedrigung, die ich durch die Kritik gefühlt habe, hat mich immer wieder dazu bewegt, mich zu verbessern, um es allen um mich herum, sowohl in der Familie und im schulischen Werdegang als auch im Beruf, mehr oder weniger recht zu machen und somit Kritik zu vermeiden.

Leider ist es meiner Meinung nach jedoch unmöglich, alles perfekt zu machen und somit überhaupt keine Kritik mehr zu ernten. Das liegt daran, dass die Realität dynamisch ist und man jeden Tag auf neue Situationen stößt, auf die man nicht vorbereitet ist, und deshalb oft gezwungen ist, spontan zu reagieren. Spontane Reaktionen können mal richtig sein und ein anderes Mal nicht. So befindet man sich täglich in einer Realität, in der es viele Situationen gibt, auf die man reagiert und vom Umfeld dafür Feedback erhält. Hast du gut reagiert, kommt ein Kompliment daher. Hast du schlecht reagiert, ist es nur eine Frage der Zeit, bis du Kritik erhalten wirst. Die Frage ist dann, ob du eine aufbauende oder erniedrigende Kritik bekommen wirst.

Aus eigener Erfahrung kann ich bestätigen, dass die erniedrigende Kritik, sprich die Kritik, die einem wirklich wehtut, einem den wahren Drive gibt, sich ins Zeug zu legen, es in Zukunft besser zu machen.

Wer Kritik aufnimmt und nicht resistent dagegen ist, der erhöht allgemein auch die Chancen, auf zukünftige Situationen besser vorbereitet zu sein und dementsprechend richtig beziehungsweise besser zu reagieren.

Wie gesagt, die Realität ist dynamisch und man wird täglich mit neuen Situationen »bombardiert«. Nicht wenige Situationen, die einem neu erscheinen, sind nicht unbedingt neu. Es ist gut möglich, dass man sie schon erlebt hat. Sie kommen nur in anderen neuen Zusammenhängen zum Vorschein.

39 Aus Fehlern lernen

Jetzt stellt sich die Frage, ob man in der Lage ist, Kritik zu verstehen und aus begangenen Fehlern zu lernen.

Fehler zu machen, ist schließlich absolut menschlich.

Jeder macht Fehler. Immer und überall. Ich mache Fehler. Täglich. Ich kann mir eigentlich kaum vorstellen, dass es jemanden gibt, der mehr Fehler als ich macht. Aber ich versuche aus jedem Fehler zu lernen und es besser zu machen.

Denselben Fehler kann man sich eventuell auch zweimal erlauben, aber sollte spätestens nach dem zweiten Mal die Lektion gelernt haben, um es nicht zu einem dritten Mal kommen zu lassen.

Ich sag es mal so: Je früher man viele Fehler macht und daraus lernt, desto besser. Je eher man immer wieder kritisiert wird, seine Fehler einsieht und die Kritik in eine bessere Performance umsetzt, desto eher kann man sich fehlerfreier in einer Beziehung und in der Berufswelt und darüber hinaus bewegen.

Meine vielen Fehler hätten mir fast meinen hart erarbeiteten beruflichen Werdegang kaputtgemacht.

Meine wirklich erste wichtige Berufung habe ich im vergleichsweise späten Alter von 32 Jahren erhalten, und zwar in der Position des offiziellen Sprechers der israelischen Verteidigungsstreitkräfte. Als Offizier in der israelischen Armee hatte ich ein Team von 15 jungen Soldaten und Offizieren an meiner Seite. Außer dem Erfolg, dem ich in dieser wirklich wichtigen Rolle nachgeeifert habe, lag es mir sehr am Herzen, mein junges Team jederzeit glücklich und zufrieden zu sehen. Im Endeffekt handelte es sich um größtenteils 18- bis 20-jährige Menschen, die zwei oder drei Jahre ihres Lebens direkt nach der Schule für die Sicherheit des Staates »opferten«, und das respektierte ich so sehr, dass ich alle fast wie meine eigenen Kinder behandelte.

Mir lag enorm viel an ihrem positiven Dienst in der Armee und ich wusste, dass ich einen wesentlichen Faktor in ihrer Wahrnehmung spielte. Behandelte ich sie gut und unterstützte sie uneingeschränkt, würden sie höchstwahrscheinlich immer zufrieden über ihre Jahre in der israelischen Armee berichten, noch ihren Enkelkindern. Behandelte ich sie hart, kalt, rücksichtslos und ohne Verständnis, würden sie sich danach sehnen, endlich die Uniform wieder abzulegen, und eventuell ihren Kindern beibringen, dass sich andere um die Sicherheit des Staates kümmern sollten und sie nicht ihre Zeit verschwenden sollten, um irgendwelchen miesen Kommandeuren zu dienen.

In der Hinsicht machte ich meiner Meinung nach alles richtig.

Was ich damals noch nicht verstand, ist, dass du in der Regel mit dieser Einstellung im Beruf nicht aufsteigst, denn so beeindruckt man normalerweise nicht die Chefs, die nichts davon mitbekommen, wenn du um 23 Uhr, statt mit deiner Frau einen Film zu schauen, am Telefon hängst, um einem Soldaten Mut zuzusprechen vor einem langen Tag mit vielen Herausforderungen. Derartige Gespräche fanden jeden Abend statt und das mehrere Jahre lang.

Statt also den Kontakt zu meinen Vorgesetzten zu suchen und sie zu beeindrucken, war ich voll und ganz damit beschäftigt, meinem Team zur Verfügung zu stehen.

Es ist deshalb wahrscheinlich kein Wunder, dass Freunde von mir heute den Rang eines Oberst erreicht haben, während ich im Rang des Majors, also zwei Ränge weniger, hängen geblieben bin.

In der Regierung mache ich zumindest diesen großen Fehler nicht mehr. Denn während mir auch in der Regierungsarbeit wichtig ist, dass mein kleines Team zufrieden ist, bin ich gleichzeitig täglich bemüht, meinen Minister und Generaldirektor zufriedenzustellen.

Einen weiteren Fehler, den ich hier einräumen muss, ist, dass ich mich selbst dabei ertappt habe, wie ich in einigen beruflichen Situationen einen Alleingang machte, statt mich zu beraten und eine Sache gemeinsam zu pushen. Mit meinen Alleingängen habe ich zumeist weder mir einen Gefallen getan noch der eigentlichen Sache geholfen. Stattdessen hätte ich mich vorher beraten müssen, das Vorhaben vielleicht sogar nicht als meine, sondern als gemeinsame Initiative »vermarkten« müssen, um so mehrere Mitstreiter an meiner Seite zu haben, statt allein da stehen.

Auf Facebook mache ich diesen Fehler nicht, zumindest nicht mehr.

Nachdem ich in den letzten Jahren immer wieder von hasserfüllten Menschen aus extremistischen Randspektren als etwas diffamiert wurde, was ich nicht bin, mit dem Ziel mich mundtot zu machen, weiß ich, dass ich auch in den sozialen Netzwerken nicht gut dastehen werde, wenn ich allein bin. Um gegen diejenigen zu gewinnen, die sich zum Ziel setzen, andere Meinungen zu diskreditieren, brauche ich einen starken Rücken, soll heißen, genug Gleichgesinnte und Freunde, die bereit sind, sich für mich und meinen Ruf einzusetzen. Auf gewisse Weise ist es ähnlich wie damals auf der Straße. Ich kann nicht in Worte fassen, wie wichtig dieser Punkt ist, weil es mittlerweile sehr viele böswillige Menschen gibt, ob bezahlt oder nicht kann man nicht nachvollziehen, die alles daran setzen, deinen Ruf kaputtzumachen, wenn du ihnen ein Dorn im Auge bist oder das, was du vertrittst.

Du weißt: Ist der Ruf erst einmal hin, dann wird es eine ganze Weile dauern, bis du dich davon erholen wirst.

Das sind nur einige kleine, aber wichtige Beispiele aus der Berufswelt. Nicht weniger wichtig ist natürlich, auch in der Partnerschaft aus Fehlern zu lernen. Wie in meinem beruflichen Werdegang habe ich nämlich auch hier genügend Fehler begangen, die das Potenzial hatten, die eine oder andere Partnerschaft zu zerstören. Damit meine ich nicht nur große Fehler, die jeder Partnerschaft mindestens ein Bein stellen würden, sondern auch alltägliche Situationen, in denen man nicht aufmerksam genug ist und einfach nicht versteht, wie wichtig etwas für den Partner sein kann, was für einen selbst vielleicht überhaupt keine Rolle spielt.

Meine Frau und ich ticken in nicht wenigen Dingen komplett unterschiedlich. Man sagt nicht umsonst, dass Gegensätze sich anziehen. Doch können diese Gegensätze auch schwerwiegende Folgen haben, wenn es zum Beispiel ein Partner auf die leichte Schulter nimmt, wenn eines der gemeinsamen Kinder krank geworden ist, während der andere nicht nur zum Arzt, sondern am liebsten direkt zur Notaufnahme fahren würde, um wirklich sicherzugehen, dass es sich nur um eine einfache Erkältung handelt und nicht um den Anfang einer schweren Krankheit, die das Kind sein ganzes Leben begleiten könnte.

Aus Fehlern zu lernen, bedeutet nämlich auch, der Partnerin entgegenzukommen, wenn sie einer vollkommen anderen Meinung ist, insbesondere wenn es in der Vergangenheit Zwischenfälle gab, in denen die Ansicht der Partnerin richtig war und du falsch lagst.

Ein Beispiel, das mir hier sofort einfällt, ist, dass meine Frau mich sehr oft gebeten hat, ihr beim Einparken zu helfen. Das habe ich die ersten Male auch getan, aber immer ein wenig ungeduldig und genervt. Ich habe nicht verstanden und nicht einsehen wollen, dass nicht jeder locker einparken kann, sondern auf ein wenig Hilfeleistung angewiesen ist. Meine Frau hat mir immer wieder vorgeworfen, dass ich sie in dieser Sache nicht unterstützen würde, während ich davon überzeugt war, dass ich ihr schon Dutzende Male beim Einparken zur Seite gestanden und ihr voller Geduld zugesprochen hatte, um ihr Sicherheit zu geben.

Doch ganz offensichtlich habe ich mich getäuscht, denn selbst nach mehreren Jahren erinnert sich meine Frau jedes Mal, wenn sie einparkt, daran, dass ich ihr eben nicht zur Seite gestanden habe. Anfangs war ich empört und konterte, wie dreist ich ihre Vorwürfe finden würde, denn schließlich war ich es, der sie immer beim Einparken gelotst hat, und das mit ausgesprochen großer Einfühlsamkeit und endloser Geduld.

Doch mit der Zeit habe ich eingesehen, dass ich vom ersten Mal an ungeduldig war und ihr eigentlich nie wirklich beim Einparken geholfen habe, weil ich wirklich davon ausging, dass sie es auch ohne mich meistern wird. Ich habe mir all die Jahre etwas vorgelogen, um mir selber auf die Schultern klopfen zu können, während meine Partnerin, der wichtigste Mensch in meinem Leben, nicht nur an Selbstvertrauen verlor, wenn es ums Einparken geht, sondern auch an Vertrauen in mich als ihren Partner, der ihr jederzeit und bei allem zur Seite stehen sollte.

Wenn auch mit dramatischer Verspätung habe ich auch aus diesem Fehler gelernt und frage meine Frau mittlerweile hin und wieder von selbst, ob sie Lust hat, einfach mal so eine Runde mit dem Auto zu drehen, damit wir zusammen das Einparken üben. Ihre positive Reaktion lässt keinen Zweifel daran, dass ich aus diesem Fehler die richtige Lektion gezogen habe.

40 Nach vorn, mit Geduld

Im Leben ist es wichtig, Geduld zu haben.

Je mehr, desto besser!

Entwicklungen sind ein Prozess, der Zeit benötigt, mal mehr, mal weniger, denn kaum etwas geschieht von heute auf morgen.

Genauso wie man nicht von der 4. Klasse sofort in die 12. Klasse aufsteigen oder von einem einfachen Soldaten innerhalb weniger Tage zum General befördert werden kann, gibt es im Leben in der Regel keine Abkürzungen, sondern man muss auf den langen Weg vorbereitet sein, wenn man erfolgreich sein will.

Ein zu schnelles Aufsteigen führt normalerweise zum Sturz.

Die Geschichte ist voller Beispiele davon.

Es ist ähnlich wie bei einer Bergbesteigung. Wenn man zu schnell den steilen Berg hinaufklettert, ohne geduldig Schritt für Schritt die Füße immer wieder fest im Stein zu verankern, wird man sein Ziel nicht erreichen, im Gegenteil, man wird fallen, tief fallen, und sich im Extremfall nicht wieder vom Sturz erholen können.

Es ist äußerst wichtig, jeden Schritt sorgfältig zu überlegen und sorgfältig abwägend nach vorn zu schreiten.

Nichts in der Welt sollte einen dazu bewegen, etwas zu übereilen. Selbst wenn man an eine Kreuzung gelangt, an der es zurzeit nicht weiter zu gehen scheint, sollte man nicht in Panik geraten und seine gute Position durch ein Abenteuer in Gefahr bringen. Schließlich könnte man, falls man vor lauter Ungeduld ein paar Schritte weiter geradeaus gehen sollte, von der Klippe stürzen.

Stattdessen sollte man keine Angst haben, einen Schritt zurückzutreten, um dann bei nächster Gelegenheit – und die wird kommen – die Gunst der Stunde zu nutzen, um nach vorn zu schreiten.

Ich befinde mich seit einiger Zeit an genau so einer Kreuzung, an der ich mich entscheiden muss, ob ich meine gute und sichere Position aufs Spiel setze, indem ich mich für eine wichtigere Position, die mir empfohlen wurde, bewerbe. Es ist ein Dilemma. Keine Frage. Ich grüble darüber schon seit mehreren Monaten, folge damit jedoch meiner eigenen Lebenserfahrung, um die es in diesem Abschnitt geht. In meiner jetzigen Position zu verweilen, kann auch als »einen Schritt zurücktreten« wahrgenommen werden.

Und das obwohl ich mich nicht bewege, aber alles um mich herum.

Es ist ganz anders, aber doch ungefähr so, als ob du an deinem I-Phone 6 oder deinem Opel Jahrgang 2002 festhalten würdest, weil beide dir gute Dienst leisten, viele um dich herum sich jedoch schon längst ein I-Phone 12 und einen Opel Jahrgang 2020 zugelegt haben. Du bist da, wo du warst. Alles um dich herum bewegt sich. Sozialer Druck könnte dich auch zu übereilten und unüberlegten Schritten verleiten, die du eventuell bereuen würdest, deshalb bin ich immer der Auffassung: Erst einmal tief durchatmen, dich nicht von anderen unter Druck setzen lassen und nur das tun, was für dich und deine Familie das wirklich Beste zu sein scheint.

Genau aus diesem Grund, weil ich auch an meine Familie denke, bleibe ich erst einmal da stehen, wo ich stehe, denn es geht mir gut, statt nach vorn zu spurten, womöglich zu fallen und sehr vieles, was ich mir hart erarbeitet habe, zu riskieren.

Mein letzter Chef war ein Minister, der nicht aus der Sicherheitsbranche stammt. Er ist ein begnadeter Buchhalter, hat aber wenig Ahnung von regionalen, geschweige denn globalen Sicherheitsherausforderungen, mit denen ich mich relativ gut auskenne. Als wir uns kennenlernten, nahm er mich fast vom ersten Tag an unter seine Fittiche, weil er sofort verstand, dass ich ihm seine »Sicherheitslücke« füllen könnte. Genau das tat ich dann auch, ein ganzes Jahr lang, während ich ihm unterstellt war. Doch auch er, obwohl in einer Ministerposition, hat mich mehrmals darauf hingewiesen, dass er nichts übereilen will und nicht über seinen eigenen Schatten springen will, indem er das, was er hart erarbeitet hat, riskiert, weil er sich über Themen äußert, die nicht seine Stärke sind. Er meinte auch, dass es besser sei, einen Schritt zurückzutreten und unnötige Äußerungen zu vermeiden, statt sich aufzuspielen und das Risiko einzugehen, dass man verspottet wird. Durch die Kraft der sozialen Netzwerke kann das heutzutage in Windeseile passieren.

Dem war sich der Herr Minister bewusst.

Dem bin auch ich mir immer bewusst.

Ich hoffe, auch du bist dir dessen bewusst.

41 IMPROVISIEREN, WENN ES SEIN MUSS

Israelis sind meiner Meinung nach eindeutige Weltmeister im Improvisieren.

Beim Israeli gilt: Selbst wenn du dir deiner Sache nicht zu 100 Prozent sicher bist, spielt dein selbstbewusstes Auftreten eine zentrale Rolle, um dir deine Unsicherheit nicht anmerken zu lassen und dein Umfeld zu überzeugen.

Der Israeli geht immer davon aus, dass sein Gegenüber es nicht besser weiß als er selbst und es im Endeffekt nur davon abhängt, ob er in der Lage ist, zu improvisieren und den Ton anzugeben, oder eben nicht.

Bist du in der Lage, selbstsicher aufzutreten, den Menschen in die Augen zu schauen und das Thema ohne Fragezeichen vorzutragen, dann erweckst du den Eindruck, dass du definitiv viel von deinem Handwerk verstehst. So funktioniert es unter anderem, wenn du jemandem etwas »andrehen« willst, das er überhaupt nicht benötigt. Durch deine Improvisation bekommt er aber den Eindruck, dass das Produkt ihm eventuell doch irgendwie nützlich sein könnte.

Wenn man in der Lage ist, gut zu improvisieren, hat man auch ein leichteres Spiel, jemanden, zu dem man sich hingezogen fühlt, davon zu überzeugen, dass man der Richtige für ihn ist. Und in einem Jobinterview hinterlässt man damit eher den entscheidenden nachhaltigen Eindruck, um den Job letztlich zu bekommen.

Ich muss sagen, dass ich mit dem Improvisieren in den ersten Jahren in Israel ein wenig Probleme hatte. In Deutschland aufgewachsen ist mir Zurückhaltung und auch ein Mangel an Selbstsicherheit mit auf den Weg gegeben. Vielleicht hat das mit der »kalten« deutschen Art zu tun, vielleicht sind das aber auch noch die letzten Nachkriegsspuren. Ich nehme an, sowohl als auch.

In Israel zumindest, einem Land, dass größtenteils von Nachfahren der Opfer des Holocaust, der Verfolgung in muslimischen Ländern oder des palästinensischen Terrors bevölkert wird, ist die Wahrnehmung eine komplett andere. Man versteht, dass man sich stark und selbstsicher zeigen muss, um nicht wieder Gefahr zu laufen, zum Opfer zu werden.

Das Improvisieren ist ein integraler Teil dieses »neuen Juden«.

Dabei ist es oft so, dass wahre Experten es nicht nötig haben, sich jederzeit und zu allem äußern zu müssen, genauso wie ein starker und selbstsicherer Hund es als nicht notwendig empfindet, laut zu bellen, um auf sich aufmerksam zu machen, denn er weiß, wozu er in der Lage ist, falls er herausgefordert werden sollte.

Dennoch habe ich festgestellt, dass diejenigen, die ruhig und zurückhaltend sind, oftmals überhört, übersehen und übergangen werden. Das ist mir auch in den ersten Jahren in Israel passiert, bis ich verstanden habe, wie es läuft.

In den ersten Jahren habe ich noch eine zurückhaltende deutsche Mentalität an den Tag gelegt, und das obwohl ich im Wedding unter Migrantenkindern aufgewachsen bin und alles andere als einfach nur »normal« deutsch war. Interessanterweise ist mein deutscher Charakter erst in Israel so richtig zum Vorschein gekommen. Ich benahm mich sehr deutsch. Warum sollte das auch überraschen? Schließlich bin ich in Deutschland geboren, aufgewachsen, habe das Abitur abgeschlossen und sogar in der Bundeswehr gedient. »Deutscher« geht es nicht.

Doch genau das wurde mir in bestimmten Situationen zum Verhängnis, denn hier in Israel geht es laut und selbstsicher zu, auch wenn du weniger zu melden hast. So stellte ich fest, dass nicht selten diejenigen Wehrpflichtleistenden an meiner Seite den Ton angaben, die so taten, als ob sie es besser könnten. Ob sie es wirklich besser konnten oder nicht, spielte letztendlich nicht immer eine Rolle, denn sie schafften es, sich mit ihrer lauten und selbstsicheren Herangehensweise einen gewissen Ruf zu erarbeiten. Sie improvisierten, aber es wirkte. Eine ähnliche Vorgehensweise stellte ich auch an der Universität fest. Nicht wenige Kommilitonen improvisierten vom ersten Tag an, als ob sie als Studenten geboren worden wären. Sie hatten überhaupt keine Scheu, vor nichts und niemandem. Nach dem Motto: Angriff ist die beste Verteidigung. Auch an der Uni zahlte sich ein derartiges Auftreten in der Regel aus.

Ich will mit diesem Abschnitt keinesfalls andeuten, dass diejenigen, die gut im Improvisieren sind, besser sind als du und ich. Was ich dir empfehlen möchte, ist, dass du zumindest in der Lage bist, bei Bedarf zu improvisieren, um dann je nach Situation zu entscheiden, ob du improvisieren solltest oder lieber nicht.

42 »MAUERN« BAUEN, WENN ES SEIN MUSS

Eine Sache, die ich mich immer wieder frage und worauf ich keine gescheite Antwort habe, ist, ob der Mensch von Grund auf gut oder böse ist.

Viele weltbekannte Philosophen haben sich mit dieser Frage befasst und es gibt entgegengesetzte Meinungen, die jede für sich überzeugend klingen. So wie es aussieht, gibt es darauf jedoch keine klare Antwort wie in der Mathematik.

Mich beschäftigt diese Frage insbesondere, weil ich in vielen Situationen, in denen ich neue Bekanntschaften mache, privat und beruflich, mir nicht ganz sicher bin, inwieweit ich mich der Person gegenüber öffnen und ihr Vertrauen schenken sollte. Denn einerseits gehe ich davon aus, dass wenn ich mich öffne, die Person das als positiv wahrnimmt und sich eventuell auch mir gegenüber öffnen wird und wir von Anfang an eine positive Beziehung eingehen könnten. Andererseits jedoch, und das schreibe ich, weil es mir leider selbst passiert ist, kann ein zu schnelles Öffnen der anderen Person einen Vorteil verschaffen, den sie, falls sie dich als Konkurrenten oder Gefahr wahrnimmt, gegen dich einsetzen könnte.

Aus eigener Erfahrung würde ich grob behaupten, dass auf jeden Menschen, der Gutes im Sinne hat, ein Mensch kommt, der Böses im Schilde führt.

Natürlich ist es in vielerlei Hinsicht situationsabhängig, ob das Gute oder das Böse hervortritt, um dir das Leben zu erleichtern oder eben zu erschweren.

In jedem Fall ist hier Menschenkenntnis gefragt.

Je eher du weißt, woran du bei einer Person bist, desto schneller kannst du dich entweder öffnen, Vertrauen aufbauen und somit eine positive, auf Kooperation basierende Beziehung eingehen, oder bist in der Lage, dich abzugrenzen, Abstand zu halten und eine »Mauer« zu der Person aufzubauen, um dich selber zu schützen.

Das gilt übrigens nicht nur zwischen Menschen, sondern auch zwischen Staaten, die wiederum von Menschen geführt werden. Im Kern ist es somit ein und dasselbe – das eine auf Mikro-, das andere auf Makroebene.

43 Der Ton macht die Musik

Es spielt eine große Rolle, auf welche Art und Weise man sich artikuliert. Man kann ein und dasselbe sagen, aber wenn der Ton ein anderer ist, dann wird es beim Empfänger anders ankommen.

Insbesondere in Stresssituationen und Krisen neigen viele Menschen dazu, sich ihren Druck anhand ihres Tones anmerken zu lassen.

Zweifellos kommen wir alle nicht darum herum, uns auch mit problematischen Situationen und Herausforderungen auseinander setzen zu müssen. Entscheidend ist hierbei jedoch, ob man es, so weit es geht, gelassen und professionell angeht oder ob man hyperventiliert und um sich »schießt«, weil man überfordert ist oder der Druck einen zum Überreagieren verleitet. Diejenigen, die mit Druck schlecht zurechtkommen, neigen in der Regel dazu, aggressiver aufzutreten, zu schreien und eventuell sogar herablassend auf andere zu wirken.

Gerade in Bezug auf Stresssituationen steht fest, dass andere Menschen es sehr zu schätzen wissen, wenn man imstande ist, einen kühlen Kopf zu bewahren, der Umgang menschlich bleibt und man auf Augenhöhe bleibt. Ich kann das aus eigener Erfahrung bestätigen, sowohl mit Blick in meine Jugendzeit, als auch als Offizier der israelischen Armee, der täglich in unzählige Stresssituationen verwickelt war und sie meistern musste.

Damals auf der Straße wurde ich als Anführer von Berlins größter Graffitibande Berlin Crime respektiert. Dutzende Mitglieder begleiteten mich, wenn wir unterwegs waren und nächtlich sprühten, pöbelten und Chaos veranstalteten. Das gefiel natürlich sehr vielen um uns herum nicht – in erster Linie anderen kleineren Graffitibanden, die uns schaden wollten. Meine Bande hielt zusammen und wurde immer bekannter, weil der Zusammenhalt gut war, und das war nicht nur, aber auch ein Erfolg des Anführers, der seine Leute mit Respekt und auf Augenhöhe behandelte. Ich setzte mich immer für meine Bandenmitglieder ein, und das sprach sich schnell herum. Man konnte auf mich zählen. Das erweckte Vertrauen, Mut und Treue gegenüber mir und der Bande.

So komisch es klingen mag, aber ich sehe tatsächlich eine Parallele zwischen einer Straßenbande und einer Armeeeinheit. Beides habe ich wie gesagt über Jahre hinweg erleben dürfen und ich schreibe somit aus Erfahrung. Sei es als Bandenchef auf der Straße oder als Vorgesetzter von Soldaten in der Armee, der Ton, in dem du deinen Leuten gegenübertrittst, spielt eine wesentliche Rolle. Man kann Befehle auf menschliche und klar verständliche Art geben; man kann Befehle aber auch in einer herablassenden Weise austeilen.

Ein Vorgesetzter muss sich eigentlich entscheiden, ob er von seinen Leuten beziehungsweise Untergebenen eher geliebt und somit respektiert oder eher gefürchtet und somit respektiert werden will. Auch dazu gibt es viele entgegengesetzte Ansichtsweisen, die wiederum alle für sich sinnvoll sind. In meinem Fall steht jedoch eindeutig fest, dass ich es bevorzuge, von meinem Umfeld geliebt, statt gefürchtet zu werden, mit der Hoffnung, dass diejenigen um mich herum einen ähnlichen Ton anschlagen und der gesamte Umgang miteinander dadurch ein positiver und friedlicher ist.

Dass der Ton eine alles entscheidende Rolle in einer Partnerschaft spielt, muss ich – hoffentlich – nicht weiter ausführen.

44 Nach oben, nach unten, zur Seite

Um im Leben erfolgreich zu sein, muss man auch bereit sein, in vielen Situationen klug vorzugehen und das zu machen, was für den spezifischen Zeitpunkt das am ehesten Angebrachte ist, auch wenn es nicht unbedingt das Richtige zu sein scheint.

Klug vorzugehen, bedeutet in einer Partnerschaft etwas anderes als in der Berufswelt.

Während man im privaten Leben für das kämpfen sollte, was man für richtig hält, auch wenn dabei Stress vorprogrammiert. ist, sollte man meiner Erfahrung nach im beruflichen Alltag nicht immer auf sein Recht beziehungsweise das Richtige bestehen, sondern überlegt, strategisch und »klug« vorgehen. Denn in der Berufswelt steht man in der Regel nicht nur einem Menschen gegenüber, sondern gleich mehreren, die entweder von oben auf einen herabschauen, von unten zu einem hinauf oder die sich auf der gleichen Hierarchiestufe befinden wie man selbst.

Insofern ist es natürlich wichtig, den Chef zufrieden stellen, denn er bestimmt über deinen weiteren Werdegang – eine Sache, auf die ich in vergangenen Situationen, wie schon geschildert, fälschlicherweise weniger Wert gelegt habe. Man darf aber auch zu keinem Zeitpunkt vergessen, dass man gleichgestellte Kollegen hat, mit denen es nicht wenige Berührungspunkte gibt, und eventuell sogar Mitarbeiter, die sich ganz unten in der Rangordnung befinden und hier und da sogar von dir abhängig sein können.

Mir ist aufgefallen, dass in alle drei Richtungen – nach oben, unten und zur Seite – eine komplett andere tägliche Beziehung stattfindet. Als ob man drei Masken zur Arbeitsstelle mitbringt und je nach Bedarf, je nachdem, wem man gegenübersteht, die passende Maske aufsetzt, um das Maximum aus der Situation herauszuholen. Da niemand mit drei Masken beziehungsweise drei verschiedenen Persönlichkeiten ins Büro kommt, muss man in der Lage sein, jederzeit auf korrekte Weise in alle drei Richtungen zu agieren.

Das ist leichter gesagt als getan!

Es bedeutet nämlich, dass man in bestimmten Situationen komplett entgegengesetzte Charakterzüge benötigt, um etwas zu vermitteln. Zum Beispiel, und das leuchtet ohne weitere Erklärung ein, ist der Tonfall nach oben eindeutig nicht derselbe wie nach unten. Das braucht keine weitere Ausführung.

Was aber oftmals nicht ganz klar ist, und daran wäre ich persönlich schon mehrmals fast gescheitert, ist die Beziehung zu Kollegen, die sich auf ein und derselben Stufe in der Hierarchie befinden wie du. Das ist nämlich eine ganz schwierige Beziehung, weil man einerseits befreundet ist oder sein kann, gemeinsam zum Mittagessen geht, sich austauscht und sich möglicherweise sogar unterstützt, aber sich eigentlich gleichzeitig in einem fortwährenden Wettbewerb um die »Vormachtstellung« befindet.

Mit »Vormachtstellung« meine ich, dass viele mit viel Ehrgeiz durch die Berufswelt gehen und Aspirationen haben, so schnell wie möglich aufzusteigen. Um aufzusteigen, muss man die da oben beeindrucken, und zwar mehr als alle anderen Kollegen, und wenn es sein muss, dann benutzt man den einen oder anderen Kollegen als Sprungbrett oder als Fußmatte.

Ja, genauso ist es, und wenn man nicht vorsichtig ist, dann gerät man entweder in die Position des Bulldozers, der bereit ist, über Leichen zu gehen, um sich besser zu positionieren, oder man wird zum Fußabtreter und sieht buchstäblich mit an, wie Kollegen aufsteigen, während man hängen bleibt, weil man zu langsam, zu bescheiden, zu »nett« war oder einfach nur nicht genügend improvisiert hat, um sich in den Vordergrund zu spielen.

Um es auf einen Nenner zu bringen: Wenn man es schafft, in alle drei Richtungen positive Beziehungen zu entwickeln und zu pflegen, geht man garantiert glücklicher durch die Berufswelt, die letztendlich einen wesentlichen Teil unseres Alltags ausmacht.

45 SEI EIN DIPLOMAT!

Man kann vieles über mich sagen und behaupten, aber ganz sicher nicht, dass ich ein begabter Diplomat sei. Im Gegenteil. Meine angriffslustige und nicht selten provokante Art und Weise, in der ich mich gerne artikuliere – sei es in Büchern, Zeitungsartikeln, auf Facebook und Twitter oder, wer mich kennenlernen durfte, im Gespräch –, stößt nicht selten auf Unverständnis und teilweise auch auf Ablehnung.

In den letzten Jahren habe ich mir mit meiner alles andere als diplomatischen Ausdrucksweise auch Feinde gemacht, die mich bei jeder Gelegenheit zu diffamieren versuchen und somit, wenn möglich, mundtot zu machen.

Interessanterweise kommen Anfeindungen aus den verschiedensten Ecken – von linken bis rechten »Biodeutschen«, von Muslimen, die genervt sind, wenn ich über meine Erfahrungen mit dem muslimischen Antisemitismus in Berlin erzähle oder mit Stolz für Israel eintrete, und auch von Juden in Deutschland, die mit mir und meinem Einsatz nicht in Frieden leben können, mich wahrscheinlich als Bedrohung für ihren eigenen Einsatz wahrnehmen und mich somit teils offen angreifen.

Ich würde lügen, wenn ich so tun würde, als ob mich Anfeindungen nicht stören würden. Sie tun es. Manchmal gehe ich deshalb sogar ziemlich unruhig schlafen. Manchmal teile ich meinen Kummer mit meiner Frau, doch normalerweise behalte ich den Schmerz für mich, um sie nicht zu belästigen.

Man bezahlt einen Preis dafür, wenn man Öffentlichkeitsarbeit macht und nicht davor zurückschreckt, klar Kante zu zeigen.

Was mich immer wieder ermutigt, ist, dass sich auf jeden, der mich wegen meiner nicht-diplomatischen Art und Meinung angreift, mindestens ein weiterer zu Wort meldet und mir sagt: »Viel Feind, viel Ehr.« Davon kann man sich nichts kaufen und man schläft auch nicht besser ein, aber es hilft mir zumindest, meiner Linie treu zu bleiben.

Weiterempfehlen würde ich meine nicht-diplomatische Art jedoch nicht, denn warum sich unnötig Kopfschmerzen und Feinde verschaffen?

Solange man es nicht mit jemandem oder etwas zu tun hat, der oder das einen vernichten will, wie im Falle Israels heute das Mullah-Regime im Iran oder damals die Nationalsozialisten, sollte man den diplomatischen Weg wählen, um sich alle Türen offen zu halten und nicht von der einen oder anderen Gruppe diffamiert zu werden.

Wer diplomatisch auftritt, läuft nicht Gefahr, jemand anderem auf die Füße zu treten oder in das markierte »Gebiet« eines anderen vorzudringen und ihn somit zu einer Abwehr- oder Angriffsreaktion zu zwingen.

46 Das Ego bändigen

Im Wedding war es nicht möglich, zu »überleben«, wenn du allein warst. Du warst gezwungen, dich einer Gang anzuschließen, um Schutz zu haben. Das tat ich auch und wurde Mitglied mehrerer Banden.

Ähnlich ergeht es Staaten, die Bündnisse mit anderen Staaten schließen, um stärker und somit sicherer zu werden – sowohl wirtschaftlich als auch in Bezug auf die Sicherheit des Landes.

Auch im Berufsleben funktioniert eine One-Man-Show weniger und es ist ratsam, sich mit Menschen um einen herum zu verstehen, den gemeinsamen Nenner ausfindig zu machen und, so weit es geht, mit ihnen zu kooperieren. Zusammen ist man normalerweise stärker und fühlt sich auch sicherer, und zwar in jedem Zusammenhang.

Mein Vater kam in den 1970ern nach Deutschland und versuchte, sich im Laufe der folgenden 40 Jahre mehr oder weniger allein durchzukämpfen. Meine Mutter versuchte ihm immer wieder zu erklären, dass er es einfacher und sicherer hätte, wenn er sich im Geschäftsleben mit einem Partner zusammentun würde.

Einen Partner hatte er zwar, nur funktionierte es nicht so ganz, mit ihm zu kooperieren. Das lag daran, dass mein Vater nicht daran gewöhnt war, einen Schritt zurückzutreten und der Meinung des Partners den Vorrang zu geben. Mein Vater wollte alles immer unbedingt so, wie er es wollte, und nicht so, wie es ihm jemand anderes vorschreibt. Diese hartnäckige und egoistische Einstellung war ein Resultat seiner Kindheit im Iran als ältester Bruder von sieben Geschwistern, die alle nach seiner Pfeife tanzen mussten. Den Rücken hielten ihm seine Eltern, also meine Großeltern, frei. Nicht nur das, sie erwarteten sogar von ihm, dass er das Rudel anführte.

Wenn du dich erst einmal daran gewöhnst, dass alles nach dir geht, dann wird es schwierig, jemand anderem den Vorrang zu lassen und nach seiner Pfeife zu tanzen. Genau das habe ich mein ganzes Leben bei meinem Vater wahrgenommen. Er war nicht in der Lage, jemand anderen den Vorrang zu lassen. Sein Ego veranlasste ihn dazu, Probleme allein anzugehen und Herausforderungen, auf Teufel komm raus, allein zu bewältigen. Das kann mal klappen und alles ist gut, aber in vielen Fällen klappt es nun mal nicht. Auf diese Weise kommt man einfach nicht voran im Leben.

Im Falle meines Vaters hatte es etwas mit »Gesicht wahren« zu tun, denn er würde seiner Meinung nach sein Gesicht verlieren, wenn er sich anderen unterordnet und nicht den Ton angibt. Wohin aber hat uns diese sture Haltung als Familie gebracht? Nirgendwohin.

Mein Vater hat viel riskiert, weil er einfach nicht in der Lage war, sein Ego zu bändigen. Er hätte sich und uns alle damit in den Ruin stürzen können. Dass es am Ende nicht dazu kam, hat mehr mit Glück als mit Verstand zu tun.

Ich habe meinen Vater während meiner Jugend beobachtet und den teilweise angespannten Gesprächen zwischen meinen Eltern zugehört, in denen meine Mutter ihn gebeten hat, sich anständige Partner zu suchen, um ein gesundes Unternehmen aufzubauen, von dem die ganze Familie profitieren könnte. Es machte mich zornig, zu sehen, dass mein Vater nicht bereit war, sein Ego zu bändigen, und stattdessen darauf pochte, weiterhin im Alleingang dem Erfolg nachzujagen.

Der Erfolg blieb jedoch aus.

Wie von meiner Mutter und mir erwartet.

Doch seinen vermeintlichen Stolz hat der gute Mann nicht verloren.

Ich für meinen Teil habe mir geschworen, dass ich immer darauf aus sein werde, so weit wie möglich mit Menschen zusammenzuarbeiten, zu kooperieren, Partner zu haben, zu teilen und gemeinsam dem Erfolg entgegenzueifern.

Was gibt es Schöneres, als gemeinsam erfolgreich sein?

Warum allein kämpfen, wenn man es gemeinsam, Schulter an Schulter, machen kann und sich dabei gegenseitig unterstützt?

So wie Alleingänge im Fußball in der Regel nicht zum Teamerfolg führen, sondern eine gute Zusammenarbeit mehrerer Spieler das Team zum Erfolg bringt, so sieht es in vielen Lebensbereichen aus, in denen man gescheiterweise sein Ego zu Hause lässt, Menschen auf Augenhöhe begegnet und zusammenarbeitet.

47 FISCH IM HAIFISCHBECKEN

»Homo homini lupus – Der Mensch ist dem Menschen ein Wolf.«

Lateinisches Sprichwort/Thomas Hobbes

Das Leben ist voller Herausforderungen, Risiken und wirklich schwieriger Situationen.

Das sollte hier niemanden überraschen, denn wir stehen alle fest im Leben und wissen das. Dabei spielt es kaum eine Rolle, wo wir leben und was wir so im Alltag machen, ob wir Kinder haben oder nicht und womit wir unser tägliches Brot verdienen. Jeder für sich befindet sich in einem unendlichen Kampf, um sich und sein Leben zu meistern.

In vielerlei Hinsicht kommt es mir oft so vor, als ob wir tatsächlich noch im Dschungel leben würden. Als ob die Welt ein riesiger Dschungel wäre und wir Tiere sind, die mal gefährliche und lebensbedrohliche Fleischfresser und mal zahme Tierchen sind, die sich von Gemüse ernähren und keine Gefahr für das Umfeld darstellen. Mal kommen wir im Rudel daher und mal sind wir Einzelkämpfer. Doch im Endeffekt sind die allermeisten von uns ständigen Bedrohungen ausgesetzt, und man muss oft überlegen, wie man den Aggressoren entkommen kann, um zu überleben – finanziell, gesundheitlich und existenziell.

Für mich sind Tierdokumentationen eine große Bereicherung, besonders Wild-Life-Dokus inspirieren mich. Sie zeigen uns die knallharte Realität des Dschungels. Ich gehe davon aus, dass sich die Menschheit vor vielen Tausenden Jahren, bevor es Recht und Gesetz gab, in einer dschungelähnlichen Situation befand.

Bestimmte Dinge haben sich seither nicht geändert.

Ob auf der Straße im Problembezirk oder im Beruf, man befindet sich tatsächlich in einem modernen Dschungel oder, von mir aus, in einem riesigen Haifischbecken.

Stell dir bildlich vor, du wärst einer von vielen Millionen Fischen, die sich alle in diesem monströsen Haifischbecken befinden und jederzeit Gefahr laufen, einem Hai über den Weg zu schwimmen. So wie hier gibt es auch auf der Straße oder im Berufsalltag diejenigen, die auf einen lauern und nicht gut drauf sind. Manch einer hat absolut kein Problem damit, sich auf Rechnung anderer hochzuarbeiten und wenn es sein muss, dein Leben zu zerstören, um davon zu profitieren.

Das habe ich gesehen, als auf der Straße 16-jährige wilde Jungs mit dem Messer ältere und bekannte Ganggrößen niederstachen, und ich habe es auf andere Weise in jedem Job und jedem Büro wahrgenommen, in dem ich mich im Laufe der letzten 20 Jahre befand, denn auch hier kann einer deiner Kollegen zum Hai mutieren und dich neutralisieren, um aufzusteigen.

Ich schreibe das aus Erfahrung.

Ich hoffe, dass die Dschungel- und Haifischbecken-Assoziationen dir die Situation, in der wir uns alle befinden, nähergebracht hat.

Und wenn du der Ansicht bist, dass das mit der Tierwelt zu weit hergeholt ist, dann stell dir vor, du würdest im Leben eine Leiter hochklettern. Doch du bist nicht der einzige Mensch, der diese Leiter benutzt, sehr viele klettern gleichzeitig diese Leiter nach hinauf. Auf jeder Höhe befinden sich somit viele Menschen, die sich gezwungenermaßen die Sprosse teilen müssen, aber viele sehen ihren Aufenthalt auf der Sprosse als zeitlich begrenzt an, denn sie blicken schon nach oben zur nächsten Sprosse und grübeln, auf welche Weise sie diese so schnell wie möglich erreichen können.

So bewegt man sich parallel zueinander nach oben, der Raum ist eng und der Druck veranlasst viele, sich hastig und rücksichtslos ihren eigenen Weg zu bahnen.

Ob du dabei verletzt wirst, bekommt der eine nicht einmal mit und den anderen juckt es nicht einmal. Im Extremfall, wenn du unvorsichtig bist, wirst du überrannt, und während andere die Leiter nach oben klettern und deinen Kopf als Steighilfe benutzen, kannst du von deiner Sprosse, wenn nicht sogar von der Leiter, fallen.

Um das zu vermeiden, musst du dir immer bewusst sein, dass du dich in einer Art Dschungel, im Haifischbecken oder von mir aus auf einer Leiter befindest.

48 LE ROI EST MORT, VIVE LE ROI!

Die Realität ist sehr dynamisch.

Was war, muss nicht unbedingt so bleiben.

In den meisten Fällen finden grundlegende Veränderungen statt. Was du heute kennst, kann sich so entwickeln, dass du es irgendwann nicht wiedererkennen wirst. So wie deine Nachbarschaft, in der du deine Kindheitsjahre erlebt hast, sich entwickelt hat und du 20 Jahre später zu deinem Entsetzen feststellen musst, dass kaum noch etwas da steht, wo es mal stand, wie du es zumindest in Erinnerung hattest, so entwickeln und verändern sich alle um einen herum. So auch du und ich.

Dynamik ist also vorprogrammiert, und es braucht einen gewissen Grad an Flexibilität unsererseits, mit neuen Situationen zurechtzukommen.

Beispielsweise erinnere ich mich daran, wie ein ehemaliger Bekannter von mir aus dem Wedding, namens Kadir Padir, zum Chef der Berliner Hells Angels wurde. Am Tag zuvor war er »nur« ein normales Mitglied einer Rockerbande, und durch eine mutige Aktion wurde er zum Rocker-Häuptling ernannt.

So schnell kann es gehen, dass jemand, der sich gestern in der Hierarchie, im System, auf der Leiter, noch unter dir oder neben dir befand, plötzlich dein Vorgesetzter ist.

In der Berufswelt funktioniert es ähnlich. Rocker zu sein, ist auch zwar eine Art Beruf, verbunden mit illegalen Geschäften und aggressivem Auftreten, aber du weißt, was ich meine. In der normalen, legalen, nennen wir es Büro-Berufswelt, passieren nämlich ebenfalls genau solche Veränderungen. Besonders in einer sich immer schneller entwickelnden Hightech- und Computerwelt ist es keine Ausnahme mehr, dass ein 20-jähriges Computergenie zu deinem Chef ernannt wird, das, obwohl du 15 Jahre älter bist als er und schon so lange im Business bist, wie er auf der Welt ist.

Falls du in solch eine Situation geraten solltest, in der du plötzlich einen neuen Chef bekommst, dann liegt es an dir und deiner Flexibilität, dich so schnell wie nur möglich an ihn anzupassen. Ohne Zweifel wird dein neuer Boss nämlich mit einem Koffer voller eigener Ansichten, Vorgehensweisen und Macken daher-kommen.

Es gibt Jobs, in denen der Wechsel an der Spitze vorgegeben und nur eine Frage relativ kurzer Zeit ist. In meinen zwei letzten Positionen, sowohl in der Regierung als auch in der Armee, war der Status quo nur auf begrenzte Zeit garantiert. Offiziere, Generaldirektoren und Minister kommen für eine Zeitspanne von wenigen Jahren, die man an einer Hand abzählen kann, in dein Leben und müssen dann entweder gezwungener- oder gewolltermaßen weiterziehen, während dir ein neuer Offizier, Generaldirektor oder Minister vor die Nase gesetzt wird, an den du dich wie gesagt sehr schnell gewöhnen und anpassen musst.

So übertrieben es klingen mag, aber es spielt schon am Tag des Wechsels kaum eine Rolle, was der vorherige Chef für Ansichten hatte oder welche Ziele er sich und dem Team gesetzt hatte, denn der neue Chef will in der Regel das, was er will, und nicht den Weg eines anderen fortsetzen. Auch das schreibe ich aus Erfahrung.

KAPITEL 5
RESPEKT & WÜRDE

Das folgende Kapitel sollte dir kaum Probleme bereiten, falls du wie ich eine, ich sag mal, problematische Vergangenheit hattest. Denn wer auf der Straße aufwächst, der weiß genau, was es mit Respekt und Würde auf sich hat. Das Interessante ist, dass viele Dinge, die einem auf der Straße begegnen, auf etwas andere Weise eine ähnlich wichtige Rolle im späteren »normalen« Leben spielen. Es ist wichtig, dies zu verstehen.

49 Die menschliche Würde ist unantastbar

Es gibt Situationen, die das Leben komplett auf den Kopf stellen können. Man kann danach nicht weiterleben wie vorher. Solche Situationen treten ohne Vorankündigung ein. Wie zum Beispiel ein Autounfall, dessen Folgen die eigene Gesundheit einschränken, oder der Verlust von jemandem, der einem sehr nahesteht.

Es kann jedoch auch zu Zwischenfällen kommen, welche die eigene Würde so sehr verletzen, dass man nie wieder darüber hinwegkommt und sein weiteres Leben danach nicht mehr entspannt fortsetzen kann.

Von einem ganz speziellen Zwischenfall möchte ich hier erzählen.

In den 1990ern gab es im Wedding Straßen, die als gefährlich galten und um die man als Fremder lieber einen Bogen machte. Eine davon war die Biesenthaler Straße. Eine Straße von 200 Metern Länge mit dicht aneinandergereihten vierstöckigen Altbauhäusern. Das Einzige, was die Straße zu bieten hatte, war auf der rechten Seite der Straße, ungefähr in der Mitte, wenn man von der Prinzenallee reinlief, ein kleiner Park mit Spielplatz. Das war's. Keine Schule. Kein Kindergarten. Kein Restaurant. Nicht einmal ein China-Imbiss oder eine Döner-Bude, wie in fast jeder anderen Straße in der unmittelbaren Nachbarschaft.

Was dieser kurze Straßenblock jedoch noch hatte, war eine große Anzahl an Kindern von Migranten aus dem Nahen Osten. Vorwiegend türkischsprachige Jungs, aber nicht nur. Es müssen so um die 40 Jugendlichen gewesen sein, die in dieser Straße fast zu jedem Zeitpunkt des Tages und der Nacht unterwegs waren und teilweise auf Stress aus waren.

Ich kannte den einen oder anderen Jugendlichen auf der Biesenthaler, aber zugegeben, auch mir war es unangenehm, durch diese Straße zu gehen, wenn ich von der Osloer Straße, Ecke Stettiner Straße, wo ich früher gewohnt habe, zu meiner damaligen Freundin in die Wollankstraße gelaufen bin. In der Regel lief ich über die Prinzenallee, um den bösen Blicken der Jungs von der Biesenthaler zu entgehen.

Sie hatten eigentlich keinen Grund, mich oder sonst wen böse anzugucken, es gehörte aber damals dazu, den harten Mann zu markieren und das eigene Territorium beziehungsweise die eigene Straße zu verteidigen. Man sah nicht gerne zu, wie irgendwelche Typen sich entspannt auf einer für sich beanspruchten Straße aufhielten. Jeder »Fremde« sollte sich zweimal überlegen, ob er das Risiko eingehen will, eine Straße zu benutzen, die ihm eventuell Probleme bereiten konnte. Ein falscher Blickkontakt oder eine versehentliche Schulterberührung beim Vorbeilaufen hätten das Fass sofort zum Überlaufen bringen können.

Die Biesenthaler Straße war Gang-Territorium. Genau wie die Koloniestraße, die Soldiner Straße oder der Nauener Platz. Das war bekannt. Jeder wusste das. Doch niemand konnte ahnen, wie schlimm es wirklich war, bis es Mitte der 1990er zu einem Zwischenfall kam, der mich seitdem begleitet und mir sehr viel über das Leben und uns Menschen beigebracht hat.

Die zwei vielleicht prominentesten Figuren auf der Biesenthaler waren ein Pakistaner und ein Türke. Sie waren beste Freunde und eine Art Doppelspitze. Ich war nicht mit ihnen befreundet, im Gegenteil, ich versuchte mich von ihnen fernzuhalten. Beide hatten sich einen Namen auf der Straße gemacht und das Letzte, was ich brauchte, waren Probleme mit dem einen oder anderen, oder im schlimmsten Fall mit beiden.

An einem jener Weddinger Sommertage kam es dann zu einem Streit zwischen den beiden Machos. Der Deutsch-Pakistaner lief mit seiner Freundin vorne weg und der hinter ihnen laufende Deutsch-Türke beleidigte ihn vor seiner Freundin, worauf der Erste seine Gaspistole zog und dem hinter ihm Laufenden aus nächster Entfernung ins Gesicht schoss.

Das war der Moment, an dem sich alles änderte.

Nichts sollte mehr so sein, wie es mal war.

Der Deutsch-Türke wurde ins Krankenhaus eingeliefert, doch eines seiner Augen war nicht mehr zu retten. Von nun an hatte er dank seines besten Freundes ein Glasauge.

Gerüchte sprachen sich schnell herum im Wedding und so wusste ich von dieser filmreifen Szene. Doch bis ich dem Mann mit dem Glasauge nicht selbst in die Augen gesehen hatte, konnte ich diesen Erzählungen und Gerüchten keinen hundertprozentigen Glauben schenken. So wie vieles im Wedding erschien auch diese Geschichte übertrieben und nicht wirklich der Wahrheit entsprechend.

Doch dann stand der Mann mit dem Glasauge plötzlich vor mir, auf der Osloer Straße, Ecke Stettiner und fragte mich in einem aggressiven Ton, ob ich es gewesen sei, der an jenem Morgen auf dem Schulhof seine Freundin angebaggert hätte? Dabei schaute er mir mit einem Auge tief in meine Augen, während das andere Auge wie eingefroren schien. Ich wusste nicht so recht, was er von mir wollte, doch ehe ich antworten konnte, boxte er auf mich ein und ich schlug zurück. Im Handumdrehen lagen wir auf dem Rasen, nur wenige Meter von meiner Haustür entfernt und schlugen uns. Er zog ein Messer und wollte mich abstechen, doch ich konnte es ihm aus der Hand schlagen. Der deutsch-türkische Hausmeister von meinem Wohnkomplex kam zufällig vorbei und trennte uns, bevor etwas Schlimmeres passieren konnte.

Wenige Tage später traf ich ihn an der Pankstraße und er entschuldigte sich für das Missverständnis. Seine Freundin hatte ihm eine Täterbeschreibung durchgegeben: »Kleiner stämmiger Kanake mit Bomberjacke und Glatze« und das traf nun mal voll und ganz auf mich zu. Genauso wie auf jeden zweiten Weddinger. Nur war ich es, der ihm an jenem Morgen über den Weg lief, und er sah rot, weil er sich sicher war, dass ich seine Freundin angemacht hätte und ihre und somit auch seine Würde verletzt hätte, und die galt es zu verteidigen.

Seitdem grüßten wir uns immer sehr freundlich und führten hin und wieder auch Small Talks. Plötzlich merkte ich, dass er ein richtig liebes Kerlchen war, der äußerlich einen komplett anderen Eindruck hinterließ. Der sicherlich für »Fremde« gedacht war, die südländische Weddinger nicht einschätzen können.

Viele Jahre später, ich lebte schon in Israel, war ich in Berlin zu Besuch. An der Voltastraße ging ich in eine Videothek. Ich kann mich nicht mehr erinnern, warum ich in die Videothek ging, denn einen Film lieh ich nicht aus. Aber woran ich mich klar und deutlich erinnern kann, ist, dass ich den Mann mit dem Glasauge getroffen habe. Wir freuten uns über das Wiedersehen nach vielen Jahren und er fragte mich verwundert, warum man mich denn nicht mehr auf der Straße antreffen würde, woraufhin ich ihm antwortete, dass ich Berlin verlassen hätte, um ein neues Leben in Israel anzufangen. Er reagierte äußerst positiv und fragte mich, wie Israel so sei. Er meinte, dass es eines der wenigen Länder sei, die er eines Tages unbedingt besuchen möchte.

Das Gespräch fand in einer sehr positiven Atmosphäre statt. Wir strahlten beide vor uns hin. Breites Grinsen. Außenstehende hätten wahrscheinlich den Eindruck gehabt, dass wir die besten Freunde seien. Der vollkommen grundlose Kampf vor meiner Haustür hat uns irgendwie zu Freunden gemacht.

Ich nutzte die positive Atmosphäre, um ihm eine Frage zu stellen, die ich ihm schon immer stellen wollte.

»Du, sag mal, das mit dem Auge, hast du das hinter dir gelassen? Hast du ihm vergeben?«

Plötzlich verschwand sein breites Grinsen und er hatte einen sehr ernsten Gesichtsausdruck. Er blickte mir wieder, so wie damals, mit einem Auge tief in meine Augen und sagte erst einmal nichts. Ich dachte, ich hätte ihn verärgert, provoziert, beleidigt. Um ehrlich zu sein, hatte ich keinen blassen Schimmer, was in ihm vorging. Ich war nicht darauf vorbereitet, dass er mich wieder so böse anschauen würde, wie er es damals getan hatte, bevor wir uns prügelten.

Nach kurzem Schweigen antwortete er: »Weißt du, Aro, ich stehe jeden Morgen auf und gucke in den Spiegel. Jeden Morgen! Ich schaue mich an und sehe mein kaputtes Auge und erinnere mich zurück an jenen Tag, an dem er es mir kaputtgeschossen hat. Und ich habe mir geschworen, dass ich nicht ruhen werde, bis ich es ihm heimgezahlt habe.«

Ich musste tief schlucken, denn auf eine so extreme Reaktion war ich nicht vorbereitet. Schließlich waren seit dem Zwischenfall etwa 15 Jahre vergangen.

»Ich warte auf meine Gelegenheit. Sie wird kommen. Früher oder später. Ich habe Geduld«, sagte er noch, bevor ich ihm sagte, dass ich ihn einerseits verstehen würde, aber andererseits hoffe, dass er sein Leben dennoch normal weiterführen könne.

Kurze Zeit danach trennten sich unsere Wege wieder und ich habe ihn seitdem nicht wiedergetroffen. Ich weiß auch nicht, ob er es ihm heimgezahlt hat oder nach wie vor auf der Lauer ist und auf seine Chance wartet. Das spielt für mich auch keine wirkliche

Rolle, denn was ich aus der ganzen Sache gelernt habe, ist, dass wenn du jemanden so extrem in seiner Würde verletzt, dann hat das Folgen. Manchmal, wie in diesem Fall, lebenslange Folgen.

Deshalb ist für mich die Lektion aus dieser Sache, dass die Würde des Menschen, jedes Menschen, unantastbar ist.

Zu seinem Wohl!

Zu deinem Wohl!

50 RESPEKT

Das mit der menschlichen Würde sollte einleuchten.

Falls nicht, dann solltest du dem Mann mit dem Glasauge über den Weg laufen.

Aber damit nicht genug. Respekt ist eine Sache, die für viele Menschen eine zentrale Rolle im Leben spielt. Auf der Straße, im Problembezirk, unter Machos ist Respekt das A und O. Respekt vor den Älteren. Respekt vor Banden. Respekt vor den Stärkeren. Respekt vor seiner Familie, Religion, Herkunft, seinem Namen, seiner Frisur – einfach vor allem.

Das war so auf der Straße, und jeder hier, der Straßenerfahrung hat, weiß genau, was ich meine. Denn wer keinen Respekt gezeigt hat, war entweder stärker und schneller als alle anderen oder lebensmüde.

Das war die Straße.

Was ich als jugendlicher Straßenrowdy nicht ahnen konnte, ist, dass es auch unter erwachsenen Menschen aus den besten Familien und in den gehobensten Positionen nicht an Ehrgeiz fehlt und es unter ihnen ein ständiges Bedürfnis nach Respekt gibt, das in bestimmten Fällen noch viel heftiger und dringlicher ist als bei Bandenmitgliedern auf Berliner Straßen.

Statt Hunger nach Essen haben viele Erwachsene im Berufsleben Hunger nach Respekt.

Das habe ich zu meinem Erstaunen in jedem meiner Jobs im Laufe der letzten fast 20 Jahre beobachten können. Am deutlichsten ist mir der Hunger und gleichzeitige Durst nach Respekt unter Politikern aufgefallen. Es wirkt manchmal so, als ob der Drang, Respekt zu bekommen, ihr zentraler Drive ist, morgens aus dem Bett zu steigen und fleißig zu sein.

In diesem Sinne sind Straßenkinder in einer problematischen Nachbarschaft nicht anders als kleine Politiker, hochrangige Sicherheitsbeamte, Journalisten oder Schriftsteller, die es alle zu etwas im Leben gebracht haben und Anerkennung wollen. Respekt und Anerkennung.

Wofür sonst das ganze Spektakel?

Und was, wenn es mal keinen Respekt geben sollte?

Dann könnte das wiederum der Drive sein beim Menschen, der sich, sagen wir mal, missverstanden fühlt, sich noch mehr ins Zeug zu legen, um sich mit Gewalt Respekt zu verschaffen. Damit es auch alle mitbekommen.

Das ist meiner Meinung nach nämlich genau das, was passiert ist, nachdem der ehemalige US-Präsident Barak Obama sich zu Russland geäußert und auf herablassende Art gesagt hat, dass Russland schließlich nur eine lokale Kleinmacht und keine globale Supermacht wie die USA sei. Das hat Russlands Präsident Vladimir Putin selbstverständlich mitbekommen und genutzt, um noch mehr Gebiete entweder für sich zu beschlagnahmen, wie die Krim und Teile der Ost-Ukraine, oder eine Art Schirmherrschaft herzustellen, wie in Syrien, oder sich militärisch und strategisch auszubreiten, wie in der Arktis, rund um den Nordpol. Nur wenige Jahre später steht fest, dass Russland, auch in den Augen der Amerikaner, wieder zu einer globalen Supermacht aufgestiegen ist und als solche behandelt werden sollte, und zwar auf Augenhöhe.

Menschen wollen geliebt, aber auch respektiert werden.

Respektierst du dein Umfeld, erhöhst du die Chancen, dass auch du respektiert wirst. Respektierst du dein Umfeld hingegen nicht, wird das den einen oder anderen um dich herum dazu ermutigen, dich als Feind zu sehen und zu bekämpfen. Da du unnötigen Krieg vermeiden willst, achte darauf, dass du jeden respektierst, vom Tellerwäscher bis hin zum Fußballweltmeister.

51 MERK DIR NAMEN!

Ich kann es nicht oft genug schreiben, aber von zentraler Bedeutung ist nun mal, dass Menschen – egal welcher Hautfarbe, Religion oder Herkunft, unabhängig davon, ob arm oder reich, mit
Universitätsabschluss oder selbst ohne einen einfachen Schulabschluss – geliebt und respektiert werden wollen.

In dieser Sache ist Mensch tatsächlich Mensch.

Diese Weisheit ist länder-, alters-, und geschlechterübergrei-
fend.

Punkt.

Jetzt musst du dir also »nur« noch überlegen, wie du es
schaffst, geliebt und respektiert zu werden.

Das ist nicht immer ein einfaches Vorhaben, denn Menschen
haben verschiedene Interessen und Ansichten und stehen sich
nicht selten als Konkurrenten und Widersacher gegenüber.

Das trifft nicht nur im weiten Rahmen zu, also unter Unbekannten, sondern auch unter engsten Familienmitgliedern, Ehe-
partnern und Geschwistern.

Wie schafft man es also, geliebt und respektiert zu werden,
wenn man es mit Unbekannten zu tun hat?

Die Antwort darauf, wenn auch keine vollständige, ist vielleicht
die interessanteste Weisheit, die ich dir mit diesem Buch auf deinem weiteren Weg mitgeben möchte.

Schon damals auf der Straße habe ich mich immer wieder gefragt, wie ich es schaffen könnte, so schnell wie möglich eine positive Beziehung mit so vielen Mitmenschen wie nur möglich
einzugehen. Das Eis zu vielen Jugendlichen konnte ich brechen,
indem ich mir ihre Namen gemerkt habe und sie schon beim
zweiten Über-den-Weg-Laufen laut beim Namen nennen konnte,
was auf der Gegenseite immer, ohne Ausnahme, für Freude und
ein Lächeln gesorgt hat.

Eigentlich sollte es nichts Ungewöhnliches sein, sich den Namen von Menschen, mit denen man in Berührung kommt, zu
merken. Doch Fakt ist, dass man sich in der Regel nur die Namen
von Menschen merkt, die einem nahestehen oder die man als
wichtig empfindet, wie zum Beispiel Cousins, Lehrer, Hausmeister, Hausarzt und, wenn wir uns kurz zurück ins Wedding bege-

ben, dann natürlich auch die Namen der Bandenchefs. Viele Gesichter anderer Menschen erkennt man zwar, wenn man ihnen auf der Straße begegnet, grüßt sie eventuell auch höflich, doch kann sich meist nicht an ihre Namen erinnern.

Warum sollte man auch? Schließlich spielen sie keine direkte oder wichtige Rolle für dein Leben. Das könnte man zumindest annehmen.

Doch genau hier bin ich anderer Meinung. Und das schreibe ich aus Erfahrung und persönlicher Überzeugung!

Jedes Gesicht und jeder Name um dich herum spielen eine Rolle in deinem Leben.

Manchmal keine direkte, sondern eine über Umwege. Eventuell kennt derjenige jemanden, der wiederum jemand anderen kennt, der verwandt ist mit jemandem, mit dem du zusammen arbeitest oder der dein Vorgesetzter sein wird, und so weiter. Umso mehr trifft das heute aufgrund der sozialen Netzwerke zu, die so viele Menschen miteinander verbinden und die große weite Welt, die einem bis vor wenigen Jahren als monströser Ort erschien, an dem so vieles so verdammt unerreichbar zu sein schien. Doch plötzlich ist alles greifbar und die Welt hat sich in eine Art kleines Dorf verwandelt, in dem sich alle irgendwie zumindest entfernt und über Umwege kennen.

Auf der Straße kannte man sich entweder direkt oder über Umwege. In den sozialen Netzwerken mittlerweile auch.

Im Berufsleben sieht es prinzipiell nicht anders aus.

Auch im Berufsleben, vollkommen unabhängig davon, welcher Profession man nachgeht, hat man Kontakt zu Menschen, manchmal sogar zu sehr vielen Menschen. Auch hier ist es deshalb nur von Vorteil, wenn man sich so schnell wie möglich Namen merkt. Menschen, deren Namen du dir direkt merkst und die du bei der erstbesten Gelegenheit bei ihrem Namen nennst, fühlen sich geschmeichelt, von dir ernst genommen und somit auch respektiert.

Das ist der große Eisbrecher und eine wichtige Weisheit fürs Leben.

52 GEWINN UND BLEIB BESCHEIDEN – VERLIER UND WAHRE DEIN GESICHT

Das Leben hat sich sehr verändert.

Wir Menschen haben uns sehr verändert.

Um das zu verstehen, muss man nicht in den Spiegel oder aus dem Fenster blicken, sondern sich Grundschulkinder anschauen und was sie nach der Schule beschäftigt.

Während unsereiner seine gesamte Kindheit in Berlin Spandau auf dem Bolzplatz verbrachte und bis in die Dunkelheit hinein jeden Tag, wirklich jeden Tag, bei Hitze, Regen und Schnee, dem Ball hinterherrannte, um Tore zu schießen, treffen sich heute Kinder, um gemeinsam aufs Handy zu glotzen. Sie sitzen tatsächlich nebeneinander und jeder für sich surft mit seinem Handy. Hin und wieder spricht man auch miteinander. Viel Bewegung gibt es nicht.

Ich finde, dass es Vor- und Nachteile gibt, wie Kinder heute, im Gegensatz zu mir in den 1980ern, aufwachsen. Wenn man sich anstrengt und seiner Fantasie freien Lauf lässt, kann man sogar die eine oder andere Parallele feststellen. Wir spielten damals miteinander und gegeneinander Fußball. Heute spielen Kinder miteinander und gegeneinander Computerspiele.

Wir waren damals besessen vom Ballsport. Kinder sind heute besessen von ihrem Handy und allem, worauf sie damit Zugang haben.

Wir gingen nach einem intensiven Fußballmatch mal als Verlierer, mal als Gewinner nach Hause. Heutzutage verliert oder gewinnt ein Kind halt eher das Spiel auf dem Handy.

Es ist anders, aber doch im weiteren Sinne ähnlich. Zumindest im Grunde.

Doch das mit dem Gewinnen und Verlieren war schon damals nicht einfach und ist es heute nicht minder.

Niemand gewinnt immer oder verliert immer. Die Frage ist, wie reagiert man, nachdem man gewonnen hat, und wie reagiert man, wenn man verliert?

Eine wichtige Standardeinstellung sollte sein, dass man beim Sieg bescheiden bleibt und wenn man verliert, sein Gesicht wahrt.

Meinem 9-jährigen Sohn versuche ich diese Weisheit beim Schachspielen beizubringen. Nach jedem Spiel, das er verliert, versuche ich ihn dazu zu bringen, dass er positiv reagiert, nicht weint, nicht sauer wird, sondern es mit einem Lächeln und sogar einem Kompliment für die Gegenseite hinnimmt. Glücklicherweise gewinnt der kleine Mann immer öfter und ich bin somit derjenige, der für das Komplimenteverteilen verantwortlich ist. Anfangs lachte er mich aus, wenn ich verlor, rannte in der Wohnung herum und feierte seinen Sieg über seinen Vater lautstark. Doch mittlerweile hat er verstanden, dass es sich für ihn nicht lohnt, seinen Sieg zu verkünden und Komplimente zu »erzwingen«, sondern dass er auf viel mehr Anerkennung stößt, wenn ich meiner Frau, also seiner Mutter, von seinen Fähigkeiten erzähle. Er fühlt somit schon im jungen Alter, dass sich Angeberei weniger auszahlt als Bescheidenheit.

Ich habe absolut keinen Zweifel daran, dass man für Bescheidenheit belohnt wird und bescheidene Sieger immer wieder siegen werden.

Andererseits bin ich jedoch fest davon überzeugt, dass man eines Tages zum Sieger werden kann, solange man nicht zusammenbricht und aufgibt, somit sein Gesicht verliert, nur weil man verliert, sondern tapfer und fleißig weitermacht, bis Fleiß, Einsatz und Durchhaltevermögen am Ende Früchte tragen werden.

53 Bleib auf dem Teppich!

Wie gesagt bin ich der felsenfesten Überzeugung, dass Menschen, die sich ihren Erfolg hart erarbeiten, dabei aber bescheiden bleiben, weiterhin erfolgreich bleiben werden, während andere, die ihren Erfolg offen zur Schau stellen, früher oder später fallen werden.

Auf den Punkt gebracht: Wer angibt, wird fallen.

Leider erzeugt dein Erfolg, selbst wenn du bescheiden bleibst, bei deinen Mitmenschen nicht immer nur positive Emotionen, sondern leider auch Neid und Hass. Das liegt ganz einfach daran, dass viele Menschen unzufrieden und deshalb unglücklich mit sich und ihrem Leben sind. Ob das berechtigt ist oder nicht, tut hier nichts zur Sache, denn niemand kann sich wirklich in eines anderen Menschen Lebenssituation hineinversetzen.

Jedenfalls nervt sie der Erfolg und das Glück anderer. Sie gönnen dir deinen hart erarbeiteten und verdienten Erfolg nicht. Zumindest nicht, solange sie nicht auch voll und ganz zufrieden sind. Ihr Neid auf dich und deinen Erfolg kann sie daher dazu veranlassen, dich als Bedrohung für sich selbst wahrzunehmen und im Extremfall, falls möglich, zu bekämpfen.

Ich kann das nachvollziehen. Schließlich ist es nicht einfach zu verkraften, kein Geld für eine Monatskarte der öffentlichen Verkehrsmittel parat zu haben und gezwungen zu sein, schwarzzufahren, während der Nachbar von gegenüber einen neuen und glänzenden BMW vor der Haustür stehen hat. Dieses Beispiel ist keine imaginäre Situation, sondern Teil meiner eigenen Vergangenheit.

Versteh mich nicht falsch, denn was damals im Wedding so los war, ist genau das Gegenteil von »auf dem Teppich bleiben«.

Im Wedding hat sich nämlich jeder 18-jährige Angeber, sobald er es geschafft hatte, genug Geld beisammen zu haben, ob auf legale oder illegale Weise, sofort einen aufgemotzten Schlitten zugelegt. Jeder sollte wissen, dass man wer ist. Ein aufgemotzter BMW war damals das Statussymbol schlechthin. Traurigerweise hatten jene BMW-Prolls in der Regel nichts anderes vorzuweisen. Weder Eltern, die besonders belesen oder erfolgreich waren, noch eine große Wohnung, in die sie Freunde hätten einladen können, und, was am schlimmsten von allem war, keinen ordentlichen Schulabschluss. Doch das spielte alles eine Nebenrolle, solange der BMW am Start war.

Das ist eigentlich genau das Gegenteil von dem, was ich mit diesem Abschnitt sagen will. Mir geht es nämlich darum, dass man hart arbeitet, um Erfolg zu haben, und wenn man es dann irgendwann geschafft haben sollte, behält man es für sich, hebt nicht ab und behandelt andere Menschen, die es nicht geschafft haben, nicht als etwas Schlechteres oder Niedrigeres.

Für einen meiner engsten Freunde in Berlin kommt mein Buch leider 20 Jahre zu spät, denn diese Weisheit hätte ihm damals jemand erklären müssen, um ihn vor seinem Fall zu bewahren.

Er war in meinen Augen ein äußerst cleverer Jugendliche, uns anderen immer einen Schritt voraus. Hochintelligent, aber ohne Plan, was er mit seinem klugen Kopf anstellen sollte. Nach dem Abi studierte er hier und da, ein Semester dies und ein Semester jenes, fand jedoch nichts, was ihn wirklich begeisterte. Wir befanden uns beide in einer ähnlichen Situation, denn auch ich wusste nichts mit meinem Leben anzufangen, mit dem Unterschied, dass er ein begabter Junge war. Über Freunde geriet er an ein Geschäftsmodell, das halb legal, halb illegal war. Falls man es richtig und unter dem Radar betrieb, könnte man davon reich werden und bis ans Lebensende ausgesorgt haben, so die Aussicht. Der Traum eines jeden Weddingers.

Er übernahm das Business.

Ziemlich schnell wurde klar, dass er der richtige Mann dafür war und das Geschäft zum Blühen bringen könnte. Innerhalb weniger Jahre verwandelte er es in eine Goldgrube.

So schnell wie der Erfolg kam, veränderte er sich sowohl äußerlich, als auch charakterlich. Dass er sich einen Jaguar leaste und einen teuren Ledermantel zulegte, sich blonde Strähnchen in sein dunkelbraunes Haar machen ließ und in eine exklusive Wohnung im Herzen von Berlin zog, war eine meiner Meinung nach normale Reaktion auf den Geldfluss.

Als »Neu-Reicher«, der seiner Ansicht nach über den Dingen steht, hatte er das dringende Bedürfnis, seinen Erfolg zu präsentieren. Glücklich konnten sich deshalb all diejenigen schätzen, die ihm nachts in einem Club über den Weg liefen, denn mindestens ein Freigetränk und gutes Zeug zum Rauchen auf seine Rechnung waren garantiert.

Ich war stolz auf ihn und habe es ihm sehr gegönnt. Insbesondere da ich genau wusste, unter welch schwierigen Umständen er aufgewachsen war. Niemandem hätte ich den Erfolg mehr gegönnt als ihm.

Was ich jedoch nicht nachvollziehen konnte, waren die überheblichen Sprüche, die er von sich gab. Plötzlich waren alle »Loser«, »Trottel« und »Taugenichtse«. Ich versuchte, ihn wieder auf den Teppich zu holen, doch egal was ich sagte oder ihm riet, es prallte ab. Er war sich seiner Sache sicher.

Doch dem war nicht so.

Denn was wir damals nicht verstanden, war, dass plötzlicher Erfolg nicht nur Achtung und Respekt verschafft, sondern auch Neid und Hass.

Hass kann einen dazu bewegen, den Versuch zu unternehmen, der verhassten Person zu schaden, um sie zu Fall zu bringen. Da das Geschäft meines engen Kumpels halb illegal war, hatte er eine Schwachstelle. Diese Schwachstelle konnte man von außen nicht erkennen.

Doch seine überhebliche Art auch engen Mitarbeitern gegenüber war der Anfang vom Ende. Das Ende seiner Erfolgssträhne.

Er wurde verpfiffen. Die Polizei nahm die Ermittlungen auf und wurde fündig.

Aus Discobesuchen und Bier für alle auf seine Rechnung wurde nichts mehr. Stattdessen füllten nun Gerichtstermine seinen Terminkalender.

Jetzt war er arbeitslos, räumte das Bonzenappartement in der City, verlängerte den Leasingvertrag für den Jaguar nicht mehr und zum Friseur ging er auch nicht mehr, um sich frische blonde Strähnchen ins Haar machen zu lassen. Der Ledermantel verschwand im Kleiderschrank und der alte Trainingsanzug kam wieder zum Vorschein.

Da war er wieder, mein Kumpel von damals, so wie ich ihn kannte und liebte. Kaum war der Erfolg weg, verschwand auch seine Überheblichkeit und er war wieder ganz der Alte.

Was ich weiß, ist, dass er sich bis heute nicht zu 100 Prozent von seinem damaligen Fall erholt hat. Es hat ihn und seinen Werdegang nachhaltig beeinflusst.

Was ich jedoch nicht weiß, ist, was gewesen wäre, wenn er auf dem Teppich geblieben wäre, nicht rumgeprotzt hätte und auch keine überhebliche Art entwickelt hätte. Wer weiß, vielleicht wäre er bis heute noch in dem Business und hätte sich den Jaguar mittlerweile gekauft, statt ihn »nur« zu leasen.

Bescheidenheit und »auf dem Teppich bleiben« machen jemanden, der Erfolg hat und großen Reichtum angehäuft hat, weniger angreifbar. Es ist zwar keine Garantie, aber man reduziert die Chance, dass man beneidet und gehasst wird, weil man niemanden absichtlich verärgert und eventuell herausfordert.

Während meiner Zeit als offizieller Sprecher der IDF hatte ich Kontakt zu einigen Reservisten der Einheit. Allesamt gebildete, hilfsbereite und sehr sympathische Männer und Frauen. Sie standen alle fest im Leben und hatten wichtige Positionen inne. Einer von ihnen erschien mir immer etwas merkwürdig. Er war sehr einfach gekleidet und fuhr ein einfaches Moped. Sein Auftreten passte für mich nicht so recht ins Bild des erfolgreichen Reservisten der Einheit, der im wahren Leben, wenn er keine IDF-Reserveübung hatte, eine Managerposition oder Ähnliches bekleidete. Also erkundigte ich mich über ihn und musste zu meinem Erstaunen hören, dass er der Reichste von allen sei. Angeblich lebt er in Israel in einer der teuersten Gegenden und besitzt Immobilien in einem Dutzend Ländern. Ihm soll sogar ein eigenes Flugzeug gehören, mit dem er reist.

Es schien mir sehr weit hergeholt. Der Mann passte einfach nicht zu dieser Beschreibung. So als ob man vor einer gelben Wand stehen würde und jemand versucht, einem zu erklären, dass die Wand nicht hellgelb, sondern dunkelbraun sei.

Ich blicke weiter auf die Wand. Minutenlang. Fazit: Sie ist auf keinen Fall dunkelbraun. Nicht einmal hellbraun.

Meine Neugier ließ nicht nach, und ich schaffte es, ihn im Gespräch dazu zu bringen, dass er mich und mein Team zum Grillen bei sich im Garten einlud. Selten war ich so aufgeregt, das Grundstück eines Bekannten sehen. Hätte ich es nicht mit meinen eigenen Füßen betreten und mit eigenen Augen gesehen, hätte ich es nie geglaubt, doch es übertraf all meine Erwartungen.

Das Tor zu seinem Grundstück öffnete sich und ich fuhr mit dem Auto hinein. Rechts ein riesiger Garten, dann ein Tennisplatz, erst danach erreichte ich den Eingangsbereich zum Haus. Im Haus selbst konnte einem leicht schwindelig werden, weil es so viele Zimmer hatte. Ein echtes Paradies für Kinder, die Verstecken spielen wollen. Aus einem der Salons konnte ich hinaus in den Garten treten und zum ersten Mal in meinem Leben einen Garten mit mehreren Schwimmbecken sehen, die insgesamt mehr Bereiche zum Schwimmen zur Verfügung stellten als ein 5-Sterne-Hotel auf Mallorca. Parallel zum größten Schwimmbecken befand sich ein genauso langes Fitnessstudio, das komplett aus Glas war und mehr Geräte anbot, als man in manch einem professionellen Fitnessstudio benutzen kann. Zu guter Letzt stand mitten im Garten, irgendwo zwischen einem der Pools und dem Tennisplatz, ein zwei Meter breiter Monstergrill, der mir und meinem Team kurz darauf einen großen Dienst erweisen sollte.

All das und noch vieles mehr hatte er sich erarbeitet. Er hatte alles, was man sich hätte wünschen können.

Man könnte vor Neid platzen.

Doch trotz allem ist er auf dem Teppich geblieben und statt Neid entwickelt sich dann ganz schnell eine große Anerkennung.

Genauso erging es mir, als ich zum ersten Mal bei ihm zu Besuch war. Meine Anerkennung für ihn wuchs sogar noch mehr, als ich ihn daraufhin wieder bei einer IDF-Reserveübung antraf, zu der er mit seinem kleinen bescheidenen Moped angefahren kam.

54 DIE POSITION DER STÄRKE

Falls du auf der Straße aufgewachsen sein solltest, dann weißt du, dass es während deiner Jugend zwei Optionen für dich gab: Entweder du wurdest als Schwächling wahrgenommen und wurdest deshalb gehänselt, gemobbt und abgezogen – kurz: zum Opfer gemacht –, oder du hast Stärke ausgestrahlt und warst auf der Gewinnerseite.

Das klingt ziemlich pauschal.

So war es auch!

Zumindest in meinem Fall.

Denn ich wurde, als ich mich als Jude »outete«, gehänselt, gedemütigt, bedroht und geschlagen, also zum Opfer gemacht, und der einzige Weg, dem zu entkommen, war, die Seiten zu wechseln und zu den Starken zu gehen. Mir ging es nicht darum, aus der Position der Stärke andere fertig zu machen, sondern lediglich darum, mich sicherer zu fühlen. Als einziger Jude in einem Bezirk, der von muslimischen Jugendlichen dominiert wurde, die größtenteils Vorurteile gegenüber Juden hatten, bewaffnet und zu allem bereit waren, war es lebensbedrohlich, auf der Opferseite zu sein. In den Monaten, in denen ich es war, hatte ich täglich Angst um mein Leben und das meiner jüngeren Geschwister.

Weder Eltern noch Lehrer noch die Polizei können einem in solch einer gewaltbereiten Nachbarschaft immer und überall Schutz gewährleisten.

Man ist auf sich gestellt und muss im Ernstfall um sein Leben kämpfen.

Du weißt vielleicht genau, was ich meine, falls auch du in einer problematischen Nachbarschaft aufgewachsen sein solltest.

Glücklicherweise schaffte ich es, wie gesagt, auf die Seite der Stärkeren und konnte durchatmen. Das war in meinem Fall eine Art tägliches Geschenk, das ich unter gar keinen Umständen verlieren durfte. Ständig musste ich mich beweisen, um weiterhin als gefährlich, als Bandenmitglied, als Gangster von meinem Umfeld wahrgenommen zu werden.

Um dieses Image zu gewährleisten, musste ich mich wie ein Gangster anziehen, sprechen und benehmen. Und beim »Benehmen« fängt das Problem bei sehr vielen, die sich auf der Seite der

Stärkeren befinden, an. Denn sie befanden sich in der Regel nicht auf dieser Seite, weil sie, wie in meinem Fall, ein dringendes Schutzbedürfnis hatten, sondern weil es ihnen Freude bereitete, ihre Stärke auf Rechnung Schwächerer zur Schau zu stellen. Es war ihr täglich »Brot und Butter«, durch die Gegend zu ziehen oder, um es im Slang von damals zu sagen: »spazieren zu gehen« und Opfer zu orten, denen sie ohne wirklichen Grund aufs Maul hauen konnten, um zu zeigen, dass sie die Starken waren.

Während also mein Drang, in einer Position der Stärke zu sein, seinen Ursprung in meinen ganz persönlichen existenziellen Ängsten hatte, waren viele Halbstarke besessen von einem Image der Stärke, um sich über andere zu stellen, sie zu demütigen, zu schlagen, ihnen dies und jenes wegzunehmen – nicht weil sie es nötig hatten, sondern nur, weil sie es konnten.

Israel, das teilweise umzingelt ist von Feinden, die, wenn sie nur könnten, das Land dem Erdboden gleichmachen und alle Juden ins Meer treiben würden, muss als Staat in der Region des Nahen Ostens, als einziger jüdischer Staat in diesem »Bezirk«, als stark wahrgenommen werden, nicht um andere ohne Grund fertigzumachen, sondern ausschließlich, um sicherzugehen, dass er überleben wird – komme, was wolle.

Ich sehe viele Parallelen zwischen der Situation Israels und meiner Situation damals als einziger Jude im Wedding.

Doch nicht nur auf der Straße oder als Staat sollte man sich bemühen, in einer Position der Stärke zu sein, sondern auch in der Berufswelt. Denn auch im Büro, im Ministerium, unter Kollegen, die für dieselbe Zeitung schreiben, im Möbellager von Domäne oder im Team der nächsten Burger-King-Filiale herrscht Konkurrenz und Neid, was jederzeit zu einem Konflikt führen könnte.

Ein Konflikt, der dir die Beförderung vermasseln oder dich, im schlimmsten Fall, den Job kosten könnte.

Also, arbeite darauf hin, in eine Position der Stärke zu geraten, nicht um andere fertigzumachen, sondern um deine eigene Position zu untermauern.

55 Zuckerbrot & Peitsche

Die Beziehung zwischen Menschen ist eine äußerst komplizierte Sache. Mehrere Milliarden verschiedene Bewohner der Welt führen viele Milliarden verschiedene Beziehungen miteinander und gegeneinander.

Meine Beziehung zu meiner Ehefrau ist eine komplett andere als zu meiner Mutter, meinem Nachbarn von gegenüber oder meinem neuen Vorgesetzten auf der Arbeit. Es gibt keine Ähnlichkeit. Jede Beziehung entwickelt sich unabhängig von der anderen.

Beziehungen zwischen zwei Menschen können und werden selbstverständlich auch beeinflusst durch dritte, vierte und fünfte. Man lebt schließlich inmitten eines Umfeldes, in dem man sich über den Weg läuft und miteinander kommuniziert.

So wie zwischen Menschen existieren auch verschiedenste Wechselbeziehungen zwischen Staaten. In der Regel beruhen diese Beziehungen auf egoistischen Interessen eines jeden Staates und hin und wieder auch auf gemeinsamen Werten. Aber wie zwischen Menschen, die sich in einem Umfeld mit vielen anderen Menschen befinden, so existieren auf der Welt 200 Staaten, die sich entweder positiv gegenüberstehen und kooperieren, falls eine Win-win-Situation in der Luft liegt, oder die sich als Feinde wahrnehmen, und dann herrscht halt dicke Luft.

Was alle Staaten verstehen, ist, dass sie in vielen Dingen in einer Konkurrenzbeziehung zu anderen Staaten stehen.

Genau wie es zwischen Menschen der Fall ist. Wer von den 20 Bewerbern wird den Job erhalten?

Wer von den 40 Verehrern wird ihr Herz erobern?

Und wer von den 60 Teilnehmern des Tanzwettbewerbs wird den ersten Platz machen?

Die Frage, die sich jeder Mensch und jeder Staat stellen müsste, ist: Wie kann ich mich in einem Umfeld großer Konkurrenz behaupten?

Welche Art Beziehung sollte ich zu meinen Mitarbeitern, Nachbarn und Familienmitgliedern führen, um einerseits geliebt, andererseits jedoch auch geachtet, wenn nicht gefürchtet, zu werden?

Zum ersten Mal habe ich auf diese Frage aller Fragen eine Antwort erhalten, als ich an der Hebräischen Universität Internationale Beziehungen studierte. Im Unterricht ging es um Krieg und Frieden und um die Carrot-and-Stick-Politik, die manche zentrale Staaten anwenden, um sich richtig zu positionieren. Mit »Carrot and Stick« war gemeint, dass man situationsabhängig mal hart, mal soft vorgehen sollte. Ich fand das interessant und einleuchtend und suchte nach einer deutschen Übersetzung für diese auf den Punkt gebrachte Formel. Die deutsche Version »Zuckerbrot und Peitsche«, wie mir dann beigebracht wurde, war etwas, das ich nicht ein einziges Mal während meiner Jugend in Berlin gehört hatte. Hätte ich es gekannt, dann hätte ich als Heranwachsender eventuell bessere Antworten auf meine vielen Fragen gehabt und hätte sicherlich weniger Fehler gemacht.

Denn in jeder zwischenmenschlichen Beziehung, ganz gleich ob mit Menschen, die dir sehr nahestehen, wie beispielsweise deinen eigenen Kindern, oder mit Menschen, die dir nicht nahe stehen, mit denen du vielleicht sogar in Konkurrenz stehst, musst du situationsabhängig in der Lage sein, weich vorgehen zu können (»Zuckerbrot«) oder eben hart (»Peitsche«).

Du solltest unter keinen Umständen ausschließlich weich oder hart sein. Gehst du nämlich nur weich vor, wirst du von bestimmten Menschen, inklusive deinen Kindern oder engsten Mitarbeitern, nicht ernst genommen und sie werden dir auf der Nase herumtanzen. Gehst du jedoch nur hart vor, wirst du sehr schnell von vielen Menschen gemieden und stehst möglicherweise sehr schnell allein da.

Der richtige Weg ist, wie in so vielen Bereichen, der Mittelweg.

Das macht es nicht einfacher, doch so ist das Leben nun mal, voller täglicher Herausforderungen, die du nur gut managen kannst, um aus dir etwas Gescheites zu machen, wenn du differenzierst, anpassungsfähig bist und mal hart, mal weich vorgehst, um für dein Umfeld aber in erster Linie für dich selbst das Richtige zu tun.

56 Kein Mehrfrontenkrieg

Das Leben ist voller Hürden.

Habe ich das eigentlich schon erwähnt?

Wie ich heute, trotz allem, ein normales, glückliches und relativ erfolgreiches Leben führen kann, ist mir nach wie vor ein Rätsel.

Vielleicht versuche ich mir mit diesem Buch voller Weisheiten auch ein wenig auf die Sprünge zu helfen und zu erklären, wie ich es doch geschafft habe, obwohl ich einen Großteil der Weisheiten erst seit wenigen Jahren wirklich nachvollziehen kann. Vieles verstehe ich heute aus dem einfachen Grund, weil ich die Welt, die Menschen und allgemein Herausforderungen aus verschiedenen Sichtweisen kenne und am eigenen Leib durchgemacht habe.

Aus der Sicht eines kriminellen Banden-Weddingers, der nicht auf der Straße, sondern die Straße gelebt hat.

Aus der Sicht eines Studenten des Faches Internationale Beziehungen.

Aus der Sicht eines Offiziers der israelischen Verteidigungsstreitkräfte und eines Mitarbeiters der Regierung.

Und auch aus der Sicht eines Mannes vieler Identitäten, Kulturen und Sprachen.

Letztendlich und nicht weniger wichtig: aus der Sicht eines Vaters kleiner Kinder.

So komisch es klingen mag, aber es gibt viele Überschneidungspunkte. Wie du sicherlich schon festgestellt hast, erwähne ich nicht selten, dass bestimmte Weisheiten sowohl für einen erwachsenen Menschen als auch einen Staat, für die Straße und auch das Durchschnittsberufsleben zutreffen. Eine Weisheit der Straße kann somit auch für einen Staat gelten. Andersherum kann eine Weisheit, die einem Staat helfen könnte, einem Jugendlichen im Problembezirk ein guter Rat sein.

Auch die folgende Weisheit trifft für alle gleichzeitig zu – Jugendliche auf der Straße, Erwachsene im Berufsleben und Länder in einer global vernetzten Staatengemeinschaft:

Ein Mehrfrontenkrieg ist nie ratsam!

Als jugendliches Bandenmitglied weiß man, ohne dieses Buch gelesen zu haben, dass man sich nicht gleichzeitig mit mehreren anderen Gangs anlegen sollte. Das ist gesunder Menschenverstand beziehungsweise Überlebensinstinkt, sage ich einfach mal. Man würde sich nämlich ganz schnell in einer Situation wiederfinden, in der man mit seiner Bande einer Koalition von mehreren Banden mit viermal so vielen Männern gegenübersteht, und wie dieser Kampf ausgehen würde, steht von vornherein fest.

Nach diesem einfach nachzuvollziehenden Grundprinzip sollte sich ein einzelner Staat nicht gleichzeitig mit mehreren Staaten in einen Konflikt begeben, es sei denn, er ist verrückt oder lebensmüde.

Wenn man diese Weisheit jetzt von der Straße und dem Staat in die Berufswelt übersetzt, dann würde das bedeuten, dass man sich als Mitarbeiter eines Unternehmens nicht in einen Streit verwickeln lassen sollte, in dem man allein auf der einen Seite steht, während viele Kollegen sich gegen einen zusammentun. Ohne Zweifel würde diese Koalition von Kollegen einen Weg suchen, um dich bei den Vorgesetzten zu diffamieren mit dem Ziel, dir in deinem beruflichen Werdegang zu schaden.

Eine Mehrfrontenkrieg-Situation ist demnach nie ratsam. Weder auf der Straße, noch als Staat und auch nicht in der Berufswelt.

57 BUMERANG

»Dem Töpfer sah einst ich zu, wie er den Lehm zerstampfte ohne Ruh. Da hörte ich, wie der Lehm ihn leise bat: Nur sachte, Bruder, einst war ich wie du.«

Omar Khayyam, *persischer Philosoph und Dichter*

Was du nicht willst, dass man dir tu, das füg auch keinem andern zu!

Ein bekanntes Sprichwort, das mich während meiner Jugendjahre begleitet hat.

Ich hatte wie gesagt zwei Phasen im Wedding: In der ersten Phase war ich ein Opfer gewaltbereiter Bandenmitglieder, in der zweiten Phase war ich selbst ein Bandenmitglied und nahm die Realität plötzlich von der anderen Seite wahr. Doch auch während meiner Jahre als Bandenmitglied war ich nie darauf aus, anderen Jugendlichen zu schaden. Ich konnte mich immer zurückerinnern an die Tage, in denen ich Angst hatte, am Abend auf dem Rückweg nach Hause am falschen U-Bahnhof auszusteigen und den falschen Jungs über den Weg zu laufen.

Ich wollte niemandem etwas antun, was ich mir nicht auch für mich selbst wünschte.

Und wenn ich im Leben gesündigt habe, dann erwischte es mich kurz darauf auch. Als ob ich bei einer eigenen unschönen Tat einen Bumerang freisetzen würde, der früher oder später wieder bei mir landen und mir wiederum eine unschöne Situation bescheren wird.

Vor dem Bumerang gibt es kein Entkommen!

Vor etwa einem Jahr spielte ich vor der Haustür mit meinem Sohn Fußball. Na ja, es war nicht wirklich Fußball. Er stand vor einer Wand und ich schoss den Ball. Das Wetter war gut und ich trug Badelatschen. Fußballer unter euch wissen, wie ungemütlich es ist, Fußball mit Badelatschen zu spielen, und weil wir auf dem Rasen spielten, legte ich die Latschen beiseite und schoss barfuß. Ich hatte lange Zeit nicht mehr den Ball gekickt. Meinem Sohn konnte ich aber beweisen, dass ich mit beiden Füßen platziert schießen kann. Mein Sohn hatte auf jeden Fall großen Spaß.

Zumindest bis zu jenem Zeitpunkt, als sich ein noch kleinerer Junge als mein damals 8-jähriger Sohn in die Schusslinie stellte. Er muss so um die fünf Jahre alt gewesen sein und wollte eigentlich nur mitspielen. Mein Sohn hatte aber keine Lust auf einen weiteren Spieler und war sichtlich empört darüber, dass der kleine Mann sich keinen anderen Ort auf dem weiten Rasen zum Spielen aussuchte als unsere kleine Ecke. Ich versuchte, meinen Sohn zu beruhigen und spielte einfach weiter. Doch der 5-Jährige war so gerissen, dass er sich genau in die Mitte stellte und ein entspanntes Weiterspielen verhinderte.

In diesem Moment sah ich rot.

Kurzerhand entschloss ich mich, ihn einfach anzuschießen. Ich ging davon aus, dass er dann seine kleinen Beinchen in die noch kleineren Arme nehmen und die Flucht ergreifen würde.

Ein Schuss, ein Treffer.

Ich schoss dem 5-Jährigen in den Bauch und er fiel um. Dann stand er auf und rannte weg. Beim Wegrennen weinte er. Er kam nicht wieder.

Der Plan war aufgegangen. Mein Sohn war glücklich. Ich hatte jedoch ein sehr mulmiges Gefühl.

Hatte ich gerade absichtlich einen kleinen Jungen angeschossen? Was würde ich empfinden, wenn das jemand mit meinem Sohn getan hätte, um ihn zu vergraulen, statt mitspielen zu lassen?

Es wurde langsam dunkel und wir gingen nach Hause. Unter dem heißen Wasserstrahl in der Dusche sah ich den kleinen Jungen vor mir, wie er auf dem Rasen lag und langsam aufstand, um sich vor diesem bösen Mann zu retten.

Mitten in der Nacht wachte ich vor Schmerzen in meinem linken Fuß auf. Mein Fuß schien verstaucht zu sein. Es schmerzte sehr. Einschlafen konnte ich nicht mehr. Ich verstand nicht, was los war, denn unmittelbar nach dem Spiel war alles noch in Ordnung und es gab absolut keine Anzeichen auf eine Verletzung.

Am darauffolgenden Tag konnte ich den linken Fuß nicht mehr aufsetzen, geschweige denn einen Schuh anziehen. Irgendwie schaffte ich es zum Arzt, der mich beruhigte, dass mein Fuß nicht gebrochen sei, aber allem Anschein nach angeschwollen sei. Ich könne in den kommenden Tagen nicht zur Arbeit gehen und sollte dem Fuß Gelegenheit zum Regenerieren geben.

Was ich an jenem Tag noch nicht ahnen konnte, war, dass diese vermeintlich einfache Schwellung mir mein Leben in den kommenden drei Monaten zur Hölle machen würde.

Meine ganze Kindheit hatte ich wie ein Verrückter Fußball gespielt. Auch als Jugendlicher noch spielte ich in Fußballvereinen. In Jerusalem am Campus der Universität spielten wir auch jeden Sonntag.

Nicht ein einziges Mal war ich so heftig verletzt, dass ich drei Monate lang nicht richtig laufen, geschweige denn spielen konnte.

Wenn das nicht der Bumerang-Effekt war, was war es dann?

KAPITEL 6:
SEI EIN MENSCH!

Es gibt im Leben immer wieder Stresssituationen, Herausforderungen und Probleme. Ohne Ende. Du kannst an ihnen zugrunde gehen. Oder du kannst sie bewältigen und noch besser und noch stärker werden.

Nichtsdestotrotz geht es im Leben keinesfalls nur um gut und stark, sondern auch darum, das Richtige zu tun. In erster Linie für dein eigenes Selbstwertgefühl, für deine eigene Seele. Die kommenden Weisheiten sollen dir veranschaulichen, was ich damit meine.

58 Willst du alles, wirst du am Ende leer ausgehen

Schon auf der Straße ist mir aufgefallen, dass es diejenigen gab, die nie genug bekommen konnten und immer auf der Suche nach mehr waren.

Mehr Geld, mehr Macht, mehr Respekt.

Die Grenze nach oben war offen.

Denn wenn man erst einmal besessen davon war, immer mehr haben und mehr erreichen zu müssen, kannte man kein Halten mehr. Seinen extremen Hunger nach »mehr« konnte man irgendwann nicht mehr stillen. Das kam auf der Straße ziemlich oft vor. Viele Jugendliche waren hungrig nach immer mehr.

Rückblickend bin ich davon überzeugt, dass Jugendliche, die in sehr ärmlichen Verhältnissen aufwachsen und dazu auch noch in einem Ghettobezirk, viel mehr Hunger nach mehr haben als andere Jugendliche, weil sie von ganz unten anfangen und nichts zu verlieren haben. Insofern ist es verständlich, warum so viele Jugendliche in Problembezirken über das Ziel hinausschießen und am Ende im Gefängnis landen. Ihr Drang nach immer mehr in möglichst kurzer Zeit lässt sie übertreiben und am Ende versagen.

Warum müssen auch andere Jugendliche aus guten Bezirken von ihren Eltern zum 18. Geburtstag ein nagelneues Auto geschenkt bekommen?

Also, wenn man nicht mehr von seinen Eltern erhält oder erhalten kann, dann holt man es sich eben auf eigene Faust.

Wenn's sein muss, mit Gewalt.

Auch das hat alles mit Neid, Respekt und dem eigenen Image zu tun.

Und wie in vielen anderen Abschnitten dieses Buches kann man auch hier einen Zoom-out machen und es aus der »Vogelperspektive« betrachten. Es fehlt in der Geschichte nämlich nicht an Beispielen von Staaten, die machtbesessen immer mehr wollten und am Ende mit weniger da standen, wenn nicht gar leer ausgingen. Von den Römern, Griechen und Persern, über bestimmte islamische Eroberer, bis hin zu Hitler, dem Tiefpunkt in der Geschichte der Menschheit – sie alle wollten mehr. Was sie alle jedoch nicht ahnen konnten, war, dass sich an einem vorher nicht bekannten Punkt das Blatt gegen sie wenden wird. Da sie sich zu weit aus dem Fenster gelehnt hatten, begannen sie zu verlieren. Manch einer verlor alles. Die Geschichte ist wie gesagt voll von Beispielen.

Für mich steht fest: Wer alles will, wird am Ende leer ausgehen.

Meine kleinen Kinder kennen diesen Spruch schon auswendig, denn jedes Mal wenn wir im Supermarkt sind und sie alles wollen – Pudding, Schokoladenriegel, Kaugummis, Luftballons –, warne ich sie mit diesem Spruch. Sie sollen sich schleunigst zusammenreißen und sich für eine Sache entscheiden.

Wer mit einer Sache nicht leben kann und mehr will, der wird nichts bekommen. Knallhart.

Bei meinen Kindern wirkt das.

Ich glaube, sie werden diese Weisheit nie vergessen.

Ich hoffe, du auch nicht.

59 In den Spiegel schauen können

Im Sommer des Jahres 2014 gab es einen 50-tägigen Krieg zwischen Israel und der palästinensischen Terrororganisation Hamas, die den Gazastreifen beherrscht.

Ich war als einer der Sprecher der IDF von morgens bis abends und teilweise von abends bis morgens unterwegs, größtenteils in und um den Gazastreifen herum, um zum einen die verschiedenen israelischen Einheiten zu begleiten, um vor Ort die Kampfhandlungen nachvollziehen zu können, und das Ganze dann zum anderen internationalen Politikern und Journalisten zu erklären.

Leider haben mich viele internationale Journalisten, darunter auch deutsche Korrespondenten, zutiefst enttäuscht. Nicht selten kamen sie nämlich mit einer vorgefertigten Meinung daher, und es spielte kaum eine Rolle, was ich ihnen erzählen wollte. Das wirklich Absurde dabei war, dass viele jener Journalisten nicht nur absolut keine Kriegserfahrung hatten, sondern die Kriegshandlungen ausschließlich aus einer »humanen« und äußerst naiven Sicht wahrnahmen. Für viele von ihnen stand fest, dass sich auf der einen Seite eine hochmoderne Hightech-Armee befindet und auf der anderen nur »arme Palästinenser«. Nur professionelle Journalisten haben in ihren Beiträgen erwähnt, dass auf der einen Seite ein demokratischer Staat seine Armee vorschickt, um seine Bevölkerung vor tödlichen Raketen und Terroristen, die durch Terrortunnel nach Israel eindringen wollen, zu beschützen, während auf der gegenüberliegenden Seite eine islamistische Terrororganisation ihre eigene Bevölkerung als menschlichen Schutzschild ausnutzt, um aus ihrer Deckung heraus Raketen auf unschuldige Menschen in Israel abzufeuern.

Der Sommer des Jahres 2014 hat mir sehr viel beigebracht. Insbesondere dass die Wahrheit nicht immer eine Rolle spielt, sondern welches Narrativ man verbreiten will, ganz gleich, was wirklich passiert.

Das hat mich zutiefst geschockt und sehr enttäuscht.

Man könnte sagen, mein Weltbild über »professionelle« Medien bekam ein riesiges Fragezeichen verpasst.

Dennoch schwamm ich mit aller Kraft und Überzeugung gegen den Strom anti-israelischer Hetze an.

Selbst im Anschluss an den endgültigen Waffenstillstand warf ich nicht das Handtuch. Im Gegenteil, ich organisierte für internationale Medien der ganzen Welt Hintergrundgespräche und Interviews mit Soldaten und hochrangigen Offizieren der IDF. Es war mir eine Herzensangelegenheit, dass die Welt versteht, was wirklich passiert ist.

Mein täglicher Kampf war eine Art Wettkampf mit unprofessionellen Medien, die Fake News in der Welt verbreiteten. Mir war klar, dass anti-israelische Hetze unter anderem auch zu antisemitischen Übergriffen in Deutschland und an anderen Orten auf der Welt führen würde.

An eines jener Gespräche, das ich organisiert habe, kann ich mich noch sehr gut erinnern, und zwar zwischen einem General der Luftwaffe und einer *Spiegel*-Korrespondentin. Der General versuchte, der Journalistin zu erklären, dass die israelische Luftwaffe pinzettenartig vorginge, um so wenig wie möglich Unbeteiligte zu verletzen. Er erwähnte unter anderem, dass die israelische Luftwaffe die einzige Armee weltweit sei, die die Insassen eines Hauses, welches den Terroristen als Terrorinfrastruktur diene, vor einem Luftangriff warnen würde, damit sie ihr Leben retten können.

Wie macht das die Luftwaffe?

Es nennt sich »knocking on the roof«, also »ans Dach klopfen«.

Kurze Zeit, bevor der wirkliche Luftangriff stattfindet, in dem das Haus oder ein Stockwerk im Haus angegriffen wird, wird eine harmlose Bombe, die nicht zerstört, aber beim Aufprall viel Lärm verursacht, auf das Haus abgefeuert. Das ist dann das Zeichen, dass man sich schleunigst aus dem Haus bewegen sollte, weil bald ein echter Angriff stattfinden wird.

Die israelische Luftwaffe fliegt somit eine Extrarunde und schmeißt eine »Lärmbombe« ab. Dieser Aufwand kostet nicht nur Zeit und Geld, sondern hilft den sich im Haus verschanzten Terroristen, sich aus dem Staub zu machen und dem darauffolgenden echten Luftangriff zu entkommen. Man nahm das in

Kauf, um Zivilisten zu verschonen. Genau jene Zivilisten, die von den Terroristen als Schutzschilde ausgenutzt wurden.

Was der General erzählte, schien die *Spiegel*-Korrespondentin nicht zu beeindrucken. Sie strahlte Kälte aus und war offenbar allem gegenüber, wofür der General und ich standen, völlig abgeneigt.

Innerlich fragte ich mich, wie es nur drei Generationen nach dem Holocaust möglich sein konnte, dass sich ein Nachkomme des Tätervolkes in die Heimat der Juden begibt und sie dafür kritisiert, dass sie sich gegen islamistischen Terror zur Wehr setzen.

Was würde sie freundlicher stimmen? – Wenn wir Juden uns wieder wehrlos ermorden ließen?

Der General bemerkte selbstverständlich auch, dass die Journalistin nicht gekommen war, um zu verstehen und zu lernen, doch auch ihm war es wichtig, seine Sicht der Dinge zu erzählen, in der Hoffnung, dass ein wenig davon den *Spiegel*-Leser erreichen und die Situation näher erklären würde.

Gegen Ende des Gespräches sagte er ihr: »Ich für meinen Teil weiß, dass ich morgens in den Spiegel schauen kann, weil ich während des Krieges das Richtige getan habe, um Zivilisten weitestgehend zu verschonen.«

Sie bedankte sich höflich für das Gespräch und wir verabschiedeten uns auch höflich.

Das Interview wurde leider nie veröffentlicht.

Mich hat es nicht überrascht. Nur wieder einmal enttäuscht.

Was ich aber aus dieser Episode gelernt habe, ist, dass man immer menschlich handeln muss. Selbst im Krieg.

Nicht um irgendjemandem einen Gefallen zu tun. Nein.

Um in den Spiegel schauen zu können.

Um sich selbst ertragen zu können.

Um ein guter Mensch zu sein!

Während ich diese Zeilen hier schreibe, ist es zum Glück wieder ruhiger geworden. Denn erst vor kurzem, im Mai 2021, kam es zu einem erneuten Gewaltausbruch zwischen Israel und den palästinensischen Terrororganisationen, die den Gazastreifen beherrschen. Mit einigen wenigen Unterschieden könnte man 2014 Copy-and-paste 2021 machen. Nicht nur hinsichtlich der sich gegenüberliegenden Kriegsparteien, sondern auch bei bestimmten

Medien, die auf eine ganz bestimmte verzerrte Weise »berichten«.

Ich weiß nicht, wie diese »Berichterstatter«, die in meinen Augen aus tiefer Abneigung gegenüber den Juden und ihrem Staat eher Hamas-Propaganda als korrekte Berichterstattung betreiben, in den Spiegel schauen können. Es wäre wünschenswert, dass sie jedem Leser, Zuhörer und Zuschauer die letzten Zweifel nehmen würden, wer in diesem Konflikt gut und wer böse ist. Wer seine Bevölkerung verteidigt und schützt und wer seine Bevölkerung als Kanonenfutter und Schutzschild missbraucht. Wer bei gefallenen Soldaten trauert und wer bei gefallenen Terroristen feiert.

Einige erfüllen diese Anforderung des Berufs natürlich auf professionelle Weise.

Ich für meinen Teil weiß genau, was hier passiert und für welche Seite ich meine Stimme erhebe und kann deshalb auch problemlos in den Spiegel schauen.

Bei manch einem Berichterstatter und erst recht bei Hamas-Mitgliedern gibt es wahrscheinlich keinen Spiegel im Bad.

60 HASS IST KEINE LÖSUNG

Meine Jugendjahre waren überschattet von antisemitischen Anfeindungen vonseiten muslimischer Jugendlicher.

Im jungen Alter von 14 Jahren war ich gezwungen, darüber nachzudenken, welchen Weg nach Hause ich nach der Schule laufe und an welchem U-Bahnhof ich abends nach dem Fußballtraining aussteige, um nicht immer wieder in Schlägereien verwickelt zu werden, bei denen sich immer mehrere auf mich stürzten.

Der einzige Grund für diese absurde Situation war, dass vielen nicht gepasst hat, dass sich ein Jude »auf ihren Straßen« herumtrieb.

Mit 14 Jahren hatte ich mitunter Angst um mein Leben. Auch um das Leben meiner jüngeren Geschwister.

Während andere 14-Jährige in besseren Gegenden normal aufwachsen, sich mit wichtigen Dingen beschäftigen und sich normal entwickeln können, fürchtete ich, dass mir etwas passieren könnte.

Gezwungenerweise schlug ich einen Weg ein, der mein ganzes Leben hätte zerstören können. Ich integrierte oder assimilierte mich sogar in die muslimische Parallelgesellschaft im Wedding und wurde ein Bandenmitglied.

Die aggressive Grundeinstellung vieler Jugendlicher ging somit auch auf mich über, und ich war offen für fast jede kriminelle Herausforderung, solange sie mir Respekt auf der Straße und wenn möglich Geld einbrachte.

Ich war wie sie.

Sprach wie sie.

Trug dieselben Klamotten wie sie.

Benahm mich wie sie.

Du hättest mich niemals als Juden identifiziert.

Wir waren alles Schwarzköpfe.

Muslimische Kids im Ghettobezirk.

Ohne Aussicht auf einen anständigen Job.

Ohne Hoffnung!

Wir hingen so intensiv gemeinsam ab, dass ich mich irgendwann wirklich wie sie fühlte. Wie ein Kanake. Plötzlich nahm ich die Blicke von älteren Deutschen anders wahr. Ich fühlte, wie Türken und Araber sich fühlen.

Wie der letzte Abschaum.

Ich verstand sie und wollte nur Freundschaft.

Leider jedoch konnten viele Weddinger Heranwachsende ihre angelernte Abneigung gegen Juden nicht ändern.

Ich war einigen nach wie vor ein Dorn im Auge. Selbst nach mehreren Jahren, in denen ich mit ihnen auf der Straße abhing und mich in nichts von ihnen unterschied, kam immer mal wieder so ein dummer Spruch »Was, du bist ein echter Jude?« oder es wurden in meiner Anwesenheit Judenwitze gerissen und Israel verflucht.

Irgendwann tat es weh.

Es tat weh, weil ich begriff, dass diejenigen, die Israel und Juden beleidigen, nicht meine wahren Freunde sein können. Ich verstand, dass ich mir etwas vormachte. Schließlich beleidigte ich ja auch nicht die Türkei, den Libanon oder den Islam.

Nicht ein einziges Mal in meiner gesamten Kindheit habe ich die Religion meiner Mitmenschen beleidigt oder mich über ihr Herkunftsland lustig gemacht.

Doch ich war nun mal der einzige Jude unter Hunderten Muslimen, die sich, auch wenn sie untereinander Probleme hatten, einer Sache ziemlich sicher waren, und zwar dass Israel und die Juden ihre Feinde seien.

Der Weg raus aus dem Ghetto war die Einberufung in die Bundeswehr.

Ja, ich zog die deutsche Uniform an. Mit deutscher Flagge auf dem Arm. Das als Jude! Man konnte Juden, die sich im Nachkriegsdeutschland die deutsche Uniform überzogen, an einer Hand abzählen. Ich war einer von ihnen.

Doch es war für mich vielleicht der sicherste Weg raus. Wobei ich mir anfangs auch Sorgen gemacht habe, ob ich in der Bundeswehr von Deutschen ohne Migrationshintergrund angefeindet werden würde.

Müsste ich jetzt Judenwitze von Biodeutschen ertragen?

Deutsche in Uniform, die sich über Juden und Israel abwertend äußern?

Das waren meine Gedanken bei der Einberufung. Doch zum Glück wurde ich positiv überrascht und nicht ein einziges Mal hörte ich jemanden über Juden oder Israel in einer negativen Weise sprechen.

Das war sehr erfrischend.

Umso mehr störte mich deshalb, dass ich in all den Jahren auf den Berliner Straßen Judenwitze und Hass auf Israel nicht eindämmen konnte. Durch meine Präsenz. Durch meine Freundschaft. Die meisten muslimischen Jugendlichen sind schließlich nie einem Juden über den Weg gelaufen, haben nie Israel besucht, geschweige denn einen Juden täglich in ihrer Gang sehen und anfassen können.

Ich war enttäuscht.

Frustriert.

Aus Enttäuschung und Frust wurde irgendwann Hass.

Kurz vor meiner Auswanderung aus Deutschland wollte ich einfach nur noch weg. Ich konnte den Hass gegen Juden und Israel einfach nicht mehr ertragen. Ich verlor die Hoffnung, dass ich bei vielen diese dumme Grundeinstellung ändern könnte.

Als ich Deutschland den Rücken kehrte und mich auf die Suche nach einer neuen Heimat begab, war ich voller Hass.

Ich startete meine Suche nach einer neuen Heimat in Israel, wechselte dann nach Paris, dann ging es weiter nach Los Angeles und am Ende, im März 2001, wieder zurück nach Israel.

Im Endeffekt war Israel der Ort, der während meiner Jugendjahre am meisten verflucht wurde.

Ich fühlte mich zum »Opfer« hingezogen.

Seitdem lebe ich in Israel – 20 Jahre und ein paar zerquetschte Monate.

Interessanterweise habe ich es geschafft, meinen Hass zu verarbeiten. Vielleicht habe ich ihnen die jahrelange Diskriminierung, die mein Leben hätte zerstören können, sogar verziehen.

Ich bin zu der Erkenntnis gekommen, dass Hass keine Lösung ist. Hass frustriert noch mehr.

Um mich selber aus dem Sumpf zu ziehen und meine traumatischen Erlebnisse und auch den Hass zu verarbeiten, fing ich an, zu schreiben und über meine Vergangenheit zu sprechen.

Es hat mir sehr geholfen.

Mit jedem Wort, das ich über damalige Erlebnisse schrieb oder erzählte, bekämpfte ich somit innerlichen Frust und Hass.

Es hat mich zu einem glücklicheren Menschen gemacht.

Denn wer hasst, ist in der Regel unglücklich.

Ich habe aufgehört zu hassen – obwohl ich jede Berechtigung dazu gehabt hätte –, um ein normales und glückliches Leben auf die Beine stellen zu können.

61 EINE GESUNDE SCHRAUBE IM SYSTEM

Wenn ich zurückblicke, dann würde ich sagen, dass viele meiner Freunde in Berlin eine »kranke Schraube« im System gewesen sind.

Ich selbst war auch eine »kranke Schraube« im System!

Aufgrund der Tatsache, dass wir uns vernachlässigt und ohne reale Aussicht auf ein erfolgreiches Leben gefühlt haben, haben wir uns in eine negative Richtung entwickelt, die uns ganz schnell mit verschiedensten Formen der Kriminalität in Berührung gebracht hat. In meinem Fall war es Soft-Kriminalität, die meinen Alltag bestimmt hat. In anderen Fällen waren Waffen-, Drogen-, und Frauenverkauf die Einkommensquelle, was alles andere als Soft-Kriminalität ist.

Vielleicht bist auch du damit in Berührung gekommen und weißt ganz genau, wovon ich schreibe.

Wenn man erst einmal auf diesen Zug aufspringt und sich in die kriminelle Szene begibt, dann ist es in den meisten Fällen eine Fahrt in den Abgrund.

Ich hatte Freunde, die drogenabhängig waren.

Freunde, die ihre Freundin auf den Strich geschickt haben.

Freunde, die wegen Raubüberfällen im Knast saßen, dann wieder raus sind und kurze Zeit später wieder für Raubüberfälle eingelocht wurden.

Freunde, die in der Nervenklinik gelandet sind, und das aus gutem Grund.

Und Freunde, die es einfach nicht mehr aushielten, am Rand der Verzweiflung zu leben, und sich das Leben nahmen.

Was wäre wohl aus mir geworden?

Tod oder Knast!

Ohne Zweifel waren das meine zwei Optionen.

Ich träumte davon, eine »gesunde Schraube« im System zu werden. Eine Schraube, die den Menschen und dem Staat Gutes tut und die nicht nur auf Beachtung stößt, wenn sie von der Polizei geschnappt wird, vor Gericht gestellt wird und Sozialarbeit aufgebrummt bekommt.

Als eine gesunde Schraube nehme ich jemanden wahr, der im System nicht für Probleme sorgt, sondern im Gegenteil hilft, Probleme zu beseitigen.

Um das zu erreichen, musst du Verantwortung übernehmen, konkrete Schritte in die Wege leiten, wie zum Beispiel eine Ausbildung antreten, und sicherlich die Hände von der Kriminalität lassen. Und falls du nach wie vor Aggressionen hast, dann lass sie im Sport raus.

Ich nehme an, dass ich mit diesem Buch den Versuch unternehme, zu helfen.

Denn wenn ich dir aus meiner eigenen Erfahrung heraus etwas Hoffnung auf eine erfolgreiche Zukunft und ein normales Leben geben kann, dann ist das für mich der Höhepunkt des »gesunde Schraube«-Daseins auf Erden.

62 Tikkun Olam

Um eine »gesunde Schraube« im System zu sein, geht es nicht nur darum, sich um sein eigenes Leben zu kümmern und es in einen positiven Zustand zu versetzen, sondern wenn möglich auch das direkte Umfeld und sogar darüber hinaus positiv zu beeinflussen.

Es ist demnach also nicht genug, »nur« an dir selbst zu arbeiten – die Welt zu verbessern, sollte dein ultimatives Ziel sein.

Sagen wir es mal so, es gibt drei Level, Gutes zu tun:

1. Dir selber helfen, ein anständiges und erfolgreiches Leben zu entwickeln;
2. Dein direktes Umfeld, also Eltern, Ehepartner, Kinder, Nachbarn, Kollegen auf der Arbeit und beim Sport und selbstverständlich beste Freunde, positiv beeinflussen;
3. Die Welt reparieren beziehungsweise *Tikkun Olam* (Hebräisch) machen.

Mir liegt viel daran, *Tikkun Olam* zu machen, denn ich kann mich nicht mehr damit zufriedengeben, wenn ich »nur« meine Kinder positiv beeinflusse.

In der Geschichte der Menschheit sind schreckliche Dinge passiert, weil nicht genug Menschen mutig genug waren, *Tikkun Olam* zu machen. Wenn sich nämlich jeder nur um das kümmert, was in seinen eigenen vier Wänden passiert, dann können draußen vollkommen ungehindert problematische und menschenverachtende Entwicklungen stattfinden.

Dank der unzähligen sozialen Netzwerke kann mittlerweile ein jeder *Tikkun Olam* machen. Wer mich kennt und in den letzten Jahren beobachtet hat, weiß, dass ich mich täglich auf Facebook und Twitter äußere, dazu hin und wieder Gastbeiträge in Zeitungen veröffentliche und meine Meinung auf Lese- und Vortragsreisen in Deutschland, Österreich, der Schweiz und in Israel kundtue.

Ohne ein Blatt vor den Mund zu nehmen. Knallhart.

Meine Bemühungen kommen nicht bei jedem positiv an.

Dem einen bin ich zu pauschalisierend, dem anderen zu direkt, wieder ein anderer fühlt sich von mir auf die Füße getreten und seiner verdeckten antisemitischen Haltung entlarvt, die sich hinter aggressiver »Israeli-Kritik« verschanzt.

Mein *Tikkun Olam* verschafft mir nicht nur Beifall und Anerkennung, sondern auch Feinde, weil ich Dinge beim Namen nenne.

Das habe ich zum Beispiel mit meinem Buch *Der neu-deutsche Antisemit* getan, in dem ich mehrere Formen des aktuellen Antisemitismus in Deutschland benenne – von rechts, links, Medien, Verschwörungstheorien, Muslimen, Christen oder selbst Juden. Obwohl ich das Buch geschrieben habe, um den Deutschen bei ihrer Vergangenheitsbewältigung zu helfen, wurde ich extrem angepöbelt und in manchen Medienhäusern und politischen Stiftungen zur Persona non grata erklärt.

Das hat anfangs geschmerzt, aber je mehr Gras über die Sache wächst, desto überzeugter bin ich, dass ich einen *Tikkun-Olam*-Beitrag geleistet habe, dessen Bedeutung kaum in Worte zu fassen ist.

63 Versöhnung & Frieden

Mir haben viele Menschen den Rücken zugekehrt, nachdem sie erfahren hatten, dass ich Jude bin.

Ich war derselbe Mensch wie vorher, aber wegen meiner Identität haben sich Menschen von mir abgewendet.

Das wirklich Schockierende dabei ist, dass ich, als in Deutschland geborener Sohn persischer Juden, nichts, aber wirklich gar nichts mit dem Judentum oder Israel zu tun hatte.

Ich ging nicht in die Synagoge, konnte kein Hebräisch, hatte keine jüdischen Freunde, feierte keine jüdischen Feste, hatte keine Ahnung, was koscher und Schabbat sein soll, weil es mir niemand erklärt hatte. Dennoch war ich von einem Tag auf den anderen in den Augen von vielen türkischen und arabischen Jugendlichen »der Jude«.

Mein bester, in Deutschland geborener Freund, Sohn muslimisch-indischer Eltern, sagte mir im Deutsch-Unterricht, dass man alle Juden töten sollte, weil sie »unsere« Feinde seien. Er wusste zu jenem Zeitpunkt noch nicht, dass sein bester Kumpel nicht nur Sohn persischer Eltern, sondern auch ein Jude ist.

Nachdem ich mich als Jude geoutet habe, sprach er nie wieder mit mir und hetzte andere Jugendliche gegen seinen ehemaligen besten Freund auf.

Woher dieser Hass?

Er war doch erst 14 Jahre alt.

Was wusste er schon von der Welt, geschweige denn von Juden?

Ich war höchstwahrscheinlich der erste Jude, dem er in seinem jungen Leben über den Weg gelaufen ist. Vergewissern konnte ich mich nicht, denn er beendete wie gesagt unsere Freundschaft und setzte sich im Klassenraum neben jemand anderen.

Woher also dieser Hass?

Elternhaus? Moschee? Medien?

Ich gehe davon aus, dass es eine Mischung aus allem ist.

Die Realität ist teilweise ziemlich bitter.

Es gibt Dinge, die schwer nachvollziehbar sind.

Und so wie ich für mich entschieden habe, dass Hass keine Lösung ist, so habe ich verstanden, dass ich mich für Versöhnung und Frieden einsetzen muss, selbst wenn es oftmals frustrierend ist, wenn der positive Wille von der Gegenseite nicht erwidert wird.

Im Normalfall sollte Versöhnung vonseiten der Täter gesucht werden und nicht von den Opfern. Da der Normalfall aber leider nicht immer normal ist, sondern oftmals eine Ausnahme, habe ich mir gesagt, dass ich mich zumindest für Versöhnung und Frieden stark machen sollte, mit der Hoffnung, dass es den einen oder anderen überzeugt, dass sich ein freundschaftlicher und friedlicher Kontakt für alle Seiten auszahlt.

Nichts ist in meinen Augen wichtiger als Frieden und Freiheit.

Auch du solltest dich dafür einsetzen, auf die Art und Weise, die dir bequem ist.

Für Versöhnung und Frieden einzustehen, stärkt zweifellos Kopf und Herz und macht einen zu einem glücklicheren Menschen.

Ist es nicht das, was wir alle wollen – glücklich sein?

Geld allein macht nun mal nicht glücklich.

64 Eine gute Tat

> »*When I do good, I feel good. When I do bad, I feel bad. That's my Religion.*«

Abraham Lincoln, ehemaliger US-Präsident

Wer anderen Gutes tut, wird belohnt.

Davon bin ich fest überzeugt.

Ich kann nicht genau erklären, warum ich daran glaube, es klingt schließlich ein wenig abergläubisch und ich bin alles andere als gläubig, geschweige denn abergläubisch.

In der Bibel steht: »Wer anderen Gutes tut, dem geht es selber gut ...« (Sprüche 11:25). Gut möglich, dass damit genau das gemeint ist, was ich meine. Im Endeffekt muss man wahrscheinlich auch ein wenig »Spirituelles« ins Spiel bringen, wenn man davon ausgehen will, dass man belohnt wird, wenn man anderen etwas Gutes tut.

Etwas Gutes zu tun, ist keine schwierige Angelegenheit.

Man kann diese Aufgabe sowohl innerhalb der Familie als auch außerhalb meistern.

Wie?

Ganz einfach.

Zum Beispiel der Partnerin einen Blumenstrauß schenken, nicht weil sie Geburtstag hat, sondern einfach so mal als Überraschung und Beweis deiner Verbundenheit. Oder die Kinder auf den Spielplatz mitnehmen und mit ihnen Verstecken spielen. Jedes Kind freut sich darüber, mit den Eltern zu spielen. Wenn möglich, kann man hin und wieder auch eine kleine Summe für einen guten Zweck spenden. Falls man weder Partnerin, noch Kinder oder finanzielle Mittel hat und einem alle Ideen ausgehen, dann ist es eine genauso gute Tat, anderen Menschen, Männern als auch Frauen, die Tür zu öffnen oder aufzuhalten. Das ist eine kleine, unproblematische gute Tat, die jeden Menschen erfreut. Deine Belohnung ist das Lächeln des anderen.

Es spielt also meiner Meinung nach absolut keine Rolle, welcher Art die gute Tat ist. Hauptsache, man tut sie.

Um Gutes zu bewirken, musst du aber auch bereit sein, dein Ego ein wenig zurückzustecken und deine Hilfe zu gewähren.

Durch deine Hilfsbereitschaft werden sich Kontakte und Freundschaften bilden.

Vertrauen kann sich aufbauen – zwischen dir und anderen Menschen.

Das Bilden von Vertrauen zwischen Menschen kann ein mühsamer Prozess sein, aber er trägt in der Regel positive Früchte.

Der Prozess beginnt also mit dir und deinen Taten.

Bist du gut und tust Gutes, dann sollte dir Gutes widerfahren.

Was du aber unter keinen Umständen erwarten darfst, ist, dass derjenige, dem du Gutes tust, in deiner Schuld steht. Wir sind hier schließlich nicht bei der italienischen Mafia.

Du tust Gutes, ohne dafür etwas im Gegenzug zu erwarten.

Wie oft habe ich jemandem geholfen, der mir nie etwas im Gegenzug gegeben hat und undankbarer nicht hätte sein können? Genau das ist nämlich der springende Punkt. Wenn du Gutes tust, wirst du belohnt! Wann und wie steht jedoch nicht fest.

Der Grund, warum ich ganz fest an diese Weisheit glaube, ist, dass ich heute ein normales, erfolgreiches und glückliches Leben führen kann. Als ob ich dafür belohnt wurde, dass ich trotz meiner prekären Lebensumstände auf den Straßen Berlins anderen Jugendlichen immer zur Seite stand und geholfen habe, wo ich nur konnte, ohne das Licht am Ende des Tunnels sehen zu können.

Damals habe ich für gute Taten keine Belohnung erhalten.

Umso fester sitze ich heute im Sattel, weil ich es mir regelrecht verdient habe.

Unter anderem durch viele gute Taten.

65 Tausend Leichen

Machen wir uns nichts vor, wir alle haben auch Tiefpunkte im Leben.

Tiefpunkte in der Schule, auf der Arbeit, innerhalb der Familie, mit dem eigenen Körpergewicht oder bei der Suche nach dem richtigen Partner.

Das Leben ist voller Tiefpunkte.

Wir kommen leider auch nicht darum herum, hin und wieder einmal nicht das »Anständigste« zu tun. Insbesondere wenn wir uns schlecht, schwach oder deprimiert fühlen, dann kann ein Mensch auch mal seine bösen Seiten zum Ausdruck bringen. Schreien, schlagen, beleidigen, lügen, klauen, fremdgehen, in einer Schlange vordrängeln und vieles andere an nicht positiven Emotionen und Taten sind zumindest Optionen, wenn jeder gute Wille nicht hilft.

Wir alle haben »Leichen im Kofferraum«!

Natürlich meine ich damit keine echten Leichen, sondern Situationen, in denen wir jemand anderen verletzt haben – ob absichtlich oder nicht.

Ist es nicht so?

Ich kann hier nur für mich sprechen, aber mir kommt es so vor, als würde ich nicht selten die Gefühle anderer um mich herum kränken. Die Gefühle meiner Frau, meiner Kinder, meiner Mama, meiner Sekretärin, meiner Kollegen.

Das liegt daran, weil wir verschieden sind und demnach auch mit verschiedenen Ansichten und Emotionen Situationen angehen.

So willst du nicht selten A und dein Gegenüber B.

Noch schlimmer, du willst A und dein Gegenüber will C.

Was auch vorkommt, du willst A und dein Gegenüber will F.

Und jetzt?

In der Regel muss mindestens einer einen Rückzieher machen, damit man sich treffen kann. Da das nicht immer ganz einfach ist, fühlen sich Menschen oft gekränkt, verletzt, beleidigt.

Wie gesagt, mir passiert es täglich, und ich weiß, dass es vollkommen egal ist, wie sehr ich mich bemühe, dass es nicht wieder vorkommt, aber Situationen kann man nicht vorhersehen und sich somit auch nicht darauf vorbereiten. Ein Zusammenprall ist vorprogrammiert. Je mehr Kontakte du zu deinem Umfeld hast, desto größer sind die Chancen auf Unstimmigkeiten und »hard feelings«.

Doch jetzt zum eigentlichen Punkt dieses Abschnitts: Es ist wichtig, nicht nachtragend zu sein. Es sei denn, es ist etwas wirklich Bedeutendes vorgefallen, dass man nicht einfach mal so unter den Teppich kehren kann.

Mit Nicht-nachtragend-Sein meine ich, nicht bei jeder Gelegenheit Leichen aus dem Koffer auszupacken und dein Gegenüber an vergangene Situationen zu erinnern, um so einen Vorteil für dich zu erzielen.

Man kann nicht ewig auf alten Fehlern rumhacken und sie immer wieder thematisieren.

Das tut niemandem gut!

Weder in einer Paarbeziehung, noch zwischen Eltern und Kindern und ganz bestimmt auch nicht unter Freunden.

Im Gegenteil, es kann vieles kaputtmachen, was man sich mühsam aufgebaut hat.

Sei ein Mensch!

KAPITEL 7:
MIT BLICK IN DIE ZUKUNFT

Wenn man jung (und vielleicht auch wild) ist, lebt man in den Tag hinein. Ohne groß vorzuplanen. Das können wir uns jedoch nicht mehr erlauben, denn wir wollen nicht nur ein »normales« Leben führen, sondern wenn möglich auch ein erfolgreiches. Um das zu schaffen, gehört strategische Planung mit dazu.

66 JEMAND ODER NIEMAND?

Jeder Mensch, von klein bis groß, freut sich, etwas bewegen zu können.

Wer Kinder hat oder sie beobachtet, weiß, wie sehr sie sich freuen, wenn sie es geschafft haben, etwas zusammenzubauen oder eine Spielzeugeisenbahn allein zu betätigen. Es sind die ersten Erfolgserlebnisse eines Kleinkindes im Leben. Dann, als Heranwachsende, kommen größere Herausforderungen auf uns zu, wie zum Beispiel Klausuren bestehen, im Sport gewinnen wollen und pünktlich nach der Schule auf der Arbeit erscheinen.

Doch mit »etwas bewegen« ist es nicht genug.

Ein »Jemand« zu sein, bedeutet für mich, etwas bewegen zu können und dadurch Einfluss auf die Realität zu nehmen.

Mit anderen Worten, du bewegst, um zu beeinflussen.

Bewegen kann man sehr will, wenn man will. Man muss vor allem den Willen haben, etwas zu bewegen, denn kaum etwas bewegt sich von allein. Ganz sicher nicht in die richtige Richtung.

Also bist du gefragt und dein Einsatz.

Willst du Dinge bewegen, um Einfluss auszuüben, dann bist du ein »Jemand«.

Falls du kein Interesse haben solltest, Dinge zu bewegen und es dir auch nicht wichtig ist, Einfluss auf die Realität zu haben, dann bist du ein »Niemand«. Das ist jetzt natürlich ein wenig radikal dargestellt, aber im Kern sehe ich es tatsächlich so. Schließlich ist ein jeder von uns mitverantwortlich für das Geschehen um uns herum.

Wir haben unser eigenes Schicksal in der Hand.

Wir können uns dafür einsetzen, dass die Welt ein besserer Ort wird.

Wir können auch das Gegenteil tun und nichts machen und somit problematischen Bewegungen den Vortritt gewähren. Wo das hinführen kann, hat die Geschichte mehrmals gezeigt. Deshalb bin ich der Auffassung, dass ein jeder von uns zumindest versuchen sollte, ein »Jemand« zu sein und Einfluss auf das Hier und Jetzt auszuüben.

Das erfordert Zeit und Mühe. Manchmal auch Mut.

Ein leuchtendes Beispiel für meine unabhängige Einflussnahme aufs Geschehen ist mein Einsatz bei Facebook. Als ich meine Facebook-Fanpage vor sechs Jahren ins Leben gerufen habe, hatte ich absolut keine Ahnung, was eines Tages mal aus ihr werden würde, wenn sie erwachsen ist. Mittlerweile hat sich meine Seite zu einer der zentralsten Facebook-Seiten entwickelt, die Deutschland und Israel verbindet. Eine Seltenheit meiner Seite ist, dass sie nicht nur von vielen Politikern, Akademikern und Journalisten gelesen wird, sondern auch von vielen Deutschen mit Migrationshintergrund jeglicher Couleur, was das Gespräch zwischen den verschiedenen Menschen in der Gesellschaft enorm bereichert. Und weil ich nun mal ein sehr offener und direkter Mensch bin und kein Blatt vor den Mund nehme, habe ich durch meine ehrliche und authentische Art um die 20.000 Stammgäste gewonnen, was bei Posts, die viral gehen, einige Hunderttausend Empfänger bedeutet. Das ist mehr, als die meisten deutschen Tageszeitungen erreichen können.

Das alles ist mit ein wenig Mühe, Geduld und vor allem sehr viel Ehrlichkeit verbunden, auch auf das Risiko hin, Follower zu verlieren, denn Ehrlichkeit zahlt sich am Ende aus. Sollte es zumindest.

Einer meiner bevorzugten Wege, Einfluss zu üben und somit ein »Jemand« zu sein, ist also mithilfe meiner Facebook-Seite. Aber nicht nur. Hin und wieder veröffentliche ich auch einen Gastkommentar in den Medien und twittere mittlerweile ziemlich fleißig vor mich hin.

Ein »Niemand« bin ich somit keineswegs.

Sei ein »Jemand«!

Spring raus aus deinem Schatten!

Bewege und beeinflusse!

67 SICH DER REALITÄT ANPASSEN UND SIE MITGESTALTEN

Ich nehme also am Geschehen teil und versuche, es mitzugestalten.

Das ist leichter gesagt als getan. Jeder Mensch denkt und handelt schließlich in erster Linie im eigenen Interesse, und das ist selten identisch mit dem Interesse der anderen. Nichtsdestotrotz bleibt uns nichts anderes übrig, als die Realität zu verstehen und uns ihr anzupassen. Wir müssen keinesfalls mit allem einverstanden sein. Das wäre in der heutigen Welt sowieso nicht vorstellbar. Wahrscheinlich war es das noch nie.

»Anpassen« bedeutet, an der Realität, am Geschehen teilzunehmen.

Eine feste »Schraube« im System zu werden.

Ein »Jemand« zu sein!

Wenn das erst einmal erledigt ist und du ein integraler Teil des Geschehens bist und nicht weit abseits in einer Parallelgesellschaft herumlungerst, die kaum etwas mit der zentralen Realität, wie sie von einem Großteil der Bevölkerung wahrgenommen wird, am Hut hat, dann liegt es an dir, inwiefern du dich dafür einsetzen möchtest, die Realität mitzugestalten.

Auf welchem Weg du das tust, ist dir überlassen.

Ich habe schon mehrmals erwähnt, auf welchen Wegen ich nicht nur an der Realität teilnehme, sondern wie ich täglich damit beschäftigt bin, sie mitzugestalten.

Das Interessante ist, dass die Realität mega-dynamisch ist. Die ganze Zeit Veränderungen und Entwicklungen. Was gestern war, ist mit großer Wahrscheinlichkeit morgen nicht mehr. Vergleich doch einfach einmal, wie du aufgewachsen bist und wie kleine Kinder heute aufwachsen.

Andere Musik. Andere Technologie. Viele andere Möglichkeiten!

Das ist faszinierend, aber auch anstrengend zugleich.

Man muss sich die ganze Zeit neu anpassen.

Ich bin aus Berlin Spandau nach Berlin Wedding gezogen. Habe zwei Armeen, drei Oberschulen und vier Universitäten besucht. Jedes Mal galt es, mich anpassen, die neue Realität zu verstehen, dann an ihr teilzuhaben und sie im Endeffekt mitzugestalten. Je eher man lernt, mit neuen Situationen zurechtzukommen, desto eher schafft man es im Erwachsenenleben.

Denn als jemand, der ein »Jemand« sein möchte und auch das Geschehen mitgestalten will, muss man in der Lage sein, wandlungsfähig zu sein und sich neuen Situationen anzupassen.

Jederzeit und überall.

Wandlungsfähigkeit in jeglicher Hinsicht – ob auf Arbeit, bei der Kindererziehung oder beim Übergang in eine Onlinewelt.

Die Realität nach deiner Vorstellung positiv mitzugestalten, ist eines der befriedigendsten Ereignisse im Leben eines Menschen. Ehrlich.

68 Triebe

Ich habe in meiner Vergangenheit viel Quatsch gemacht, konkreter ausgedrückt, viel Scheiße gebaut.

Dennoch habe ich zu jedem Zeitpunkt gewusst, dass ich mich auf keinen Fall komplett gehen lassen darf und unter keinen Umständen das Risiko eingehen darf, von irgendetwas abhängig zu werden.

Der Inbegriff des von etwas »abhängig« werden war für mich das Zigarettenrauchen.

Schon im Alter von 12 Jahren, relativ frisch auf der Oberschule, habe ich mich nicht überreden lassen, das Rauchen auszuprobieren. Meine Abneigung ging so weit, dass ich nicht einmal bereit war, eine Zigarette in den Mund zu nehmen, während andere, noch keine Teenager, es cool fanden, zu rauchen und es fast schon als peinlich oder kindisch abstempelten, wenn man nicht geraucht hat. Als ob man nicht vollständig dazugehören würde.

Doch ich blieb hart.

Bis heute habe ich nie eine Zigarette in den Mund genommen.

Ähnlich habe ich es mit Drogen gehalten.

Warum nur ähnlich?

Weil ich auch nie Drogen ausprobiert habe, aber für einen kurzen Zeitraum einfache Drogen vertickt habe. Also hatte ich sehr wohl Kontakt zu dem Zeug, nur habe ich es nie in die Nähe meines eigenen Gesichtes kommen lassen.

Ich stellte damit eine krasse Ausnahme in der weiten Jugendlandschaft dar. Ich kannte niemanden, der nicht entweder Zigaretten, Drogen oder gleich beides konsumiert hat.

Das war der Standard. Ich war die Ausnahme.

Es war mir nie unangenehm.

In diesem Fall war ich mir meiner Sache sehr sicher, und das ohne, dass es mir von meinen Eltern, Lehrern oder sonst wem eingebläut worden wäre. Mein eigener gesunder Menschenverstand hat mir gesagt, dass es mir gefallen könnte und ganz schnell aus einem Experiment eine Sucht werden könnte. Eine Sucht, die mich nicht nur Geld kosten würde, das ich nicht hatte, sondern mit Sicherheit meine Gesundheit und meinen Kopf negativ beeinflussen würde.

Dabei hätte ich es ehrlich gesagt schon gerne einmal ausprobiert, um zumindest den Geschmack zu kennen.

Ich glaube, ich habe einfach nur sehr früh verstanden, dass ein jeder Mensch gewisse Triebe hat, die er schwer in den Griff bekommen kann, wenn er sich erst einmal gehen lässt. Bei jedem sind andere Triebe ausgeprägt. Triebe können sich unter anderem im Wunsch nach Drogen, Sex, Spielen im Kasino zeigen.

Um ein wahres Beispiel aus dem Leben zu nennen: Einer meiner Onkel kam im relativ jungen Alter an viel Geld heran. In seinem Fall durch harte Arbeit. Er eröffnete einen Jeansladen. Der lief gut. Dann einen zweiten und dritten und schnell wurde aus seiner ehemaligen kleinen Jeans-Boutique eine beliebte Jeans-Marke, die zum Traum vieler Teenager wurde.

Dieser plötzliche Aufstieg im Business brachte viel Geld ein. Was macht ein Mann mit sehr viel Geld? Mein Onkel entschied sich unter anderem, hin und wieder mal ins Kasino zu gehen und dort zu zocken. Wenn er erst einmal Spaß am Zocken gefunden hatte, blieb er die ganze Nacht. Aus einem Kasinobesuch am Wochenende wurde ganz schnell ein nahezu täglicher Besuch. Immer größere Geldsummen wurden auf den Pokertisch und in die Spielmaschinen geschmissen.

Er wusste sich nicht zu retten. Bis er pleite war. Dann wachte er auf.

Man darf es nie so weit kommen lassen.

Du darfst es nie so weit kommen lassen.

Die Gefahr, dass man sich nie wieder von so einem Sturz erholt, ist groß.

Deshalb ist es wichtig, dass du deine Triebe unter Kontrolle hast.

Dich nicht gehen lässt.

Nicht süchtig wirst – nach nichts. Absolut gar nichts.

Wenn ich mir so meine Kinder anschaue, dann kann ich ein Stück weit nachvollziehen, was meinem Onkel widerfahren ist. Warum? Weil sie schon in der Grundschule abhängig vom Bildschirm sind. Jegliche Art von Bildschirm – Fernsehen, Laptop, Tablet und Smartphone. Kaum etwas anderes interessiert sie so sehr, wie vor dem Bildschirm zu sitzen und im Falle meines Sohnes Spiele zu spielen und im Falle meiner Tochter Kindersendungen zu schauen. Sie sind jedes Mal wie in einem Bann, wenn sie vor einem Bildschirm sitzen. Sie davon loszulösen, ist eine meiner schwersten täglichen Herausforderungen. Geschrei und Enttäuschung über den »fiesen« Papa sind vorprogrammiert. Es kommt mir immer so vor, als ob man dem Affen die Banane vor der Nase wegnehmen würde. Sie drehen vollkommen durch.

Doch auch hier bleibe ich hart.

Wie mit Drogen oder dem Kasino nehme ich nämlich die heutige Abhängigkeit der Kinder von den sozialen Netzwerken wahr. Sie betäuben sie regelrecht.

Auch ich kämpfe mit mir, mich nicht in den Bann der sozialen Netzwerke ziehen zu lassen. Derzeit führe ich drei Kanäle: Facebook, Twitter und Instagram. Ich bin relativ aktiv, setze mir jedoch Grenzen. Genau aus dem Grund, den ich oben erläutert habe. Es soll schließlich Spaß machen und nicht zu einer Sucht werden. Ich muss nicht jeden Artikel, jeden Kommentar und jedes Foto wahrnehmen und kommentieren. Nichts passiert, wenn man das eine oder andere verpasst.

Das ist einfacher gesagt als getan, jedoch ist es mit den sozialen Netzwerken ähnlich wie mit Drogen, Sex und der Spielsucht im Kasino. Am besten erst gar nicht in die »Falle« tappen. Doch wenn man reingetappt ist, dann mit sich selbst kämpfen, seine Triebe unter Kontrolle zu bekommen und sich nicht gehen zu lassen.

Jede übertriebene Sucht, wirklich jede, ist schädlich und kann im Extremfall das Leben zerstören.

69 KURZ- UND LANGZEITZIELE

Wer von Natur aus spontan ist, kann sich schnell mal mit der Partnerin in ein Restaurant setzen, ohne es groß vorher geplant zu haben, oder direkt bei einer Party vorbeischauen, von der man am selben Abend erst erfahren hat. Spontaneität hat etwas mit Flexibilität zu tun und kann in bestimmten Situationen zu freudigen Momenten verhelfen und das Leben versüßen.

Um jedoch sein Leben vollständig in den Griff zu bekommen beziehungsweise zu meistern, braucht es für viele Dinge Anlaufzeit und sorgfältige Planung. Kaum etwas Wichtiges kann man nämlich spontan entscheiden.

Oder hast du dich jemals spontan für eine Partnerin, einen Job oder einen Wohnort entschieden?

Natürlich nicht.

Es braucht Zeit, sich darüber klar zu werden, was man sucht und was man will. Wirklich will.

Das Leben ist so voll von Herausforderungen und täglichen Entscheidungen, die man fällen muss, um zurecht- und voranzukommen. In jeglicher Hinsicht. Deshalb habe ich mir zwei »Arbeitsweisen« angewöhnt, um mir nicht nur Ziele zu setzen, sondern sie auch in die Tat umzusetzen.

Ich teile mein eigenes Streben nach Erfolg in zwei Teile ein: zum einen in Kurzzeitziele und zum anderen in Langzeitziele.

Um meine Kurzzeitziele zu erreichen, trage ich eine To-do-Liste mit mir herum. Auf dieser Liste, die ich alle paar Tage update, notiere ich mir alle Vorhaben, die ich in den kommenden Tagen und Wochen umsetzen will.

Aktuell stehen auf meiner Liste unter anderem:

- Vertrag für neues Buch bis Ende des Monats unterzeichnet abschicken
- Zahnarzttermin vereinbaren
- Geburtstagsgeschenk für engen Freund kaufen
- Tochter im neuen Sportverein anmelden
- Im Büro unbedingt Gespräch mit Mitarbeitern bezüglich Strategie durchführen
- Flugticket buchen

– Familie zum Grillen einladen
– Auf Facebook Post zu einem wichtigen Anlass nicht vergessen

Wie du unschwer erkennen kannst, gehen Kurzzeitziele in alle Lebensbereiche hinein. Familie, Beruf, Freunde, Gesundheit.

Alles ist wichtig, um das Leben – um dein Leben – unter Kontrolle zu haben.

Du musst auf alles achtgeben und darfst nichts vernachlässigen. Du wirst das Leben nicht meistern können und glücklich werden, wenn du nur beruflich Erfolg hast, es dir aber mit der Familie, den Freunden und deiner Gesundheit vermasselst. Genauso wie du kein normales und gutes Leben führen kannst, wenn du deinen beruflichen Werdegang vernachlässigst, weil du von morgens bis abends damit beschäftigt bist, dich ausschließlich um die Gesundheit deiner Kinder zu kümmern.

Sowohl-als-auch sind wichtig.

Jeder Mensch hat zu jedem gegebenen Zeitpunkt eine ganze Reihe von Kurzzeitzielen. Meiner Meinung nach ist es fast unmöglich, all den täglichen Herausforderungen und Zielen gerecht zu werden, insbesondere wenn man fest im Leben steht, ohne die Hilfe einer ordentlichen To-do-Liste, auf der man Kurzzeitziele jeglicher Art auflistet.

Langzeitziele sind ein ganz anderes Kaliber. Hier führe ich keine To-do-Liste, weil es sich um einige wenige Ziele handelt, deren Durchsetzung ich auf einen längeren Zeitraum ansetze.

Was ich jedoch an einigen wichtigen Tagen im Jahr, an meinem Geburtstag, zu Silvester und zum jüdischen Neujahrsfest, wenn die Torte gegessen ist und die Böller ausgehen, mache, ist, mich allein ans Fenster zu setzen, in mich zu gehen und mir zwei bis drei größere Ziele zu setzen, die ich bis zum darauffolgenden Geburtstag, Silvester oder jüdischen Neujahrsfest erreichen will.

Um auch hier eine Idee zu geben, was genau ich meine, können Langzeitziele bei mir in der Regel wie folgt aussehen:

– Aufstieg in eine höhere Position im Job
– Neues Buch fertig schreiben
– Fünf Kilo abnehmen

- Neues Auto kaufen
- Küche auswechseln

Du siehst, es geht wieder in alle Richtungen und es ist nichts von Dringlichkeit, aber jedes Ziel für sich ist von Wichtigkeit.

Das sind Ziele, die ich mir nirgendwo aufschreibe. Sie befinden sich in meinem Hinterkopf und begleiten mich.

Die ganze Zeit!

Sie erfordern einen mehrmonatigen, wenn nicht jahrelangen Prozess. Meiner Meinung nach ist es angebracht, sich große Ziele zu setzen. Wir leben schließlich nicht nur von heute auf morgen, sondern müssen auch in die Zukunft planen.

Um das Leben zu meistern, empfehle ich dir deshalb einerseits mithilfe einer To-do-Liste deine Kurzzeitziele aufzulisten und so besser zu erreichen, andererseits dir mehrere wichtige Langzeitziele zu setzen, auf die du hinarbeitest.

Das eine ist genauso wichtig wie das andere.

70 Einnahmen-Ausgaben-Check

Geld spielt im Leben eine zentrale Rolle. Ob man es will oder nicht. Das ist keine Neuigkeit und ganz sicher keine Weisheit.

Mit dem Geld gibt es jedoch zwei Probleme:

Erstens: Wie komme ich an genug Geld, um ein anständiges Leben führen zu können?

Zweitens: Wenn ich schon an Geld gekommen bin, wie verwalte ich es richtig?

Im Wedding spielte eigentlich nur das erste Problem eine Rolle. Jeder versuchte so schnell wie möglich an so viel Geld wie möglich zu gelangen. Um sich mit dem Geld dann einen aufgemotzten Sportwagen zuzulegen. Am besten in greller Farbe, mit breiten Reifen und einem lauten Auspuff.

Darum ging es.

Nicht mehr und nicht weniger.

Als ehemaliger Weddinger, der fleißig mitmischte, stellte ich auch in diesem Fall keine Ausnahme dar und legte mir von meinem ersten Geld einen aufgemotzten Opel Manta zu. All mein Geld steckte ich in diesen Wagen. Nichts anderes spielte eine Rolle.

Das Gefühl war, dass man es geschafft hatte und ein »Jemand« war, wenn man im Sportwagen durch die Straßen düste.

Das tat ich. Ausgiebig. Es hat auch Spaß gemacht.

Das war alles, was mich und so viele andere heranwachsende Männer in vielen schlechteren Nachbarschaften Berlins interessierte.

Dein Auto war dein ultimatives Statussymbol.

Manch einer teilte sich ein Zimmer mit fünf jüngeren Geschwistern und schlief auf einer Matratze, aber die Hauptsache war, dass der richtige Wagen vor der Tür stand.

Was wir damals nicht verstanden haben, ist, dass man sich langsam, aber dafür umso sicherer, hocharbeiten muss. Dass man Stein auf Stein bauen muss, um zu verhindern, dass alles sofort wieder in sich zusammenbricht. Und, dass man sein Geld richtig verwalten muss, ein gesundes Verhältnis zwischen Einnahmen und Ausgaben herstellen muss, um sein Leben so gut und stabil wie möglich zu entwickeln.

Das alles verstanden wir nicht. Niemand hat wirklich in die Zukunft geschaut. Es ging um das Hier und Jetzt. Es war fast so, als gäbe es kein Morgen.

Doch wenn man erst einmal die Straße verlässt, das Kriminelle hinter sich lässt, und einen normalen Weg einschlägt, verbunden mit täglichem Einsatz, um es im Leben zu schaffen, dann merkt man ganz schnell, wie jeder Euro zählt. Plötzlich muss man für die Wohnungsmiete aufkommen. Elektrizitäts- und Wasserrechnungen bezahlen. Vielleicht für eine Ausbildung oder das Studium. Benzin. Essen. Hin und wieder mal ein neues Hemd. Das Allerletzte, was einen jetzt interessiert, ist ein aufgemotzter Wagen. Was würde der Wagen einem bringen? Nichts.

Es gilt, einen Wagen zu fahren, der deinem Status gerecht wird. Einen bescheidenen Wagen, der nur einen kleinen Teil deiner Einnahmen in Anspruch nimmt, damit du dich um so viel mehr kümmern kannst und eventuell sogar eine paar Euro zur Seite legen kannst für größere Vorhaben oder einfach nur für schlechtere Zeiten.

Um ein stabiles Leben zu führen, musst du deine Ausgaben den Einnahmen anpassen. Wenn du also wenig verdienst, dann leistest du dir dementsprechend weniger, und wenn du viel verdienst, dann kannst du dir mehr gönnen.

Es muss verhältnismäßig sein.

Du solltest dich und dein Leben nie in Gefahr bringen, indem du deine Ausgaben so hoch ansetzt, dass du sie mit deinen Einnahmen nicht mehr decken kannst. Du kannst dir zum Beispiel kein riesiges Darlehen von der Bank erlauben, solange du nicht ein wenig zurückgelegt und einen relativ sicheren Job mit anständigem Gehalt hast.

Alles ist voneinander abhängig.

In einer Welt, in der einem über alle möglichen Wege, ob man will oder nicht, Fotos und Videos von Luxushäusern, Luxusjachten, Luxusautos und vielem mehr zugespielt werden, ist es wirklich schwierig, sich langsam hochzuarbeiten, seine Ausgaben bescheiden zu halten, um einen Teil der Einnahmen für größere Dinge, die man sich für sein Leben wünscht, um wunschlos glücklich zu werden, zu sparen.

Auch hierzu empfehle ich jedem, der keinen Überblick über seine Finanzen hat und sich jeden Monat aufs Neue wundert, wohin sein gesamtes Gehalt verschwunden ist, sich auf einem Blatt alle Einnahmen und alle Ausgaben ordentlich zu notieren. Am Ende eines jeden Monats kann man dann entscheiden, wofür zu viel Geld ausgegeben wurde und es in Zukunft besser machen.

Genau aus dem Grund, weil nun mal Geld eine zentrale Rolle im Leben spielt, solltest du dir die Zeit und Mühe machen, zumindest für einen bestimmten Zeitraum, deine Einnahmen und Ausgaben gegenüberzustellen.

Wenn du jeden Stein sorgfältig und nicht überhastig auf die anderen legst, dann baust du eine stabile Pyramide auf, die mit großer Wahrscheinlichkeit nie wieder von einem Gewitter zerstört werden kann.

71 PLAN C

Im Leben ist nichts garantiert.

Nun gut, außer, dass wir eines Tages mal nicht mehr da sein werden. Alles andere kann sich in Windeseile ändern.

Ein Unfall, eine schwere Erkrankung, eine kriminelle Tat, bei der man erwischt wird, und nichts wird mehr so sein, wie es mal war.

Insbesondere beruflich ist nichts garantiert.

Aus verschiedensten Gründen kannst du jederzeit deinen Job verlieren und musst dich neu orientieren. Sich neu zu orientieren, klingt an sich nett, ist aber alles andere als eine einfache Sache, wenn du eine Familie zu versorgen hast oder ein Bankdarlehen zu begleichen hast.

Jeder Tag zählt.

Man hat keine Zeit, zu spielen.

Ganz sicher nicht mit seinem Schicksal.

Ich würde sogar so weit gehen und behaupten, dass nicht einmal deine Existenz garantiert ist.

Wie sehr weder deine noch meine Existenz garantiert ist, zeigt ein aktuelles Beispiel: die Covid-19-Pandemie.

Wer hätte sich vor dem Ausbruch der Pandemie vorstellen können, dass wir plötzlich Angst vor jedem um uns herum haben müssen? Dass wir niemanden mehr die Hand schütteln können? Dass wir alle plötzlich wie in einem offenen Vollzug leben würden – mit dem Unterschied, dass wir zu allem Übel auch noch einen Mund- und Nasenschutz aufgedrückt bekommen?

Unser aller Leben hat sich enorm auf den Kopf gestellt. Plötzlich. Ohne Ansage, ohne Vorwarnung.

Wir alle wissen von Menschen, kannten vielleicht sogar den einen oder anderen persönlich, die sich das Virus eingefangen haben und es nicht überlebt haben. Wir alle kennen auch Menschen, die ihr Geschäft schließen mussten, deren Auftraggeber Insolvenz angekündigt haben, die in Depressionen verfallen sind, weil sie seit über einem Jahr nicht mehr ihrem Beruf nachgehen können, nicht weil sie es nicht wollen, sondern weil sie nicht dürfen.

Es gibt so viele Menschen, die ihr ganzes Leben unabhängig waren und ihr eigenes Geld auf ehrliche Weise verdient haben und plötzlich auf die finanzielle Hilfe des Staates angewiesen sind.

Shit happens. Diese Pandemie ist so ein *shit.* Sie wird langjährige Spuren hinterlassen.

Was sie uns jedoch auch vor Augen geführt hat, ist, dass wir immer auf den Fall vorbereitet sein müssen, dass uns jemand oder etwas richtig heftig ins Leben, in den Beruf oder in die Gesundheit reingrätscht und wir uns neu definieren müssen.

Mit anderen Worten, Plan B muss ganz schnell aus der Schublade raus und in die Tat umgesetzt werden. Doch damit nicht genug. Ich bin der Meinung, dass es in der heutigen dynamischen Realität voller blitzschneller Entwicklungen und endloser Herausforderungen nicht reicht, »nur« einen Plan B parat zu haben, sondern man sollte so weit gehen und sich sogar mit einem Plan C absichern.

Halte dir immer vor Augen, dass Katastrophen passieren und jeder Mensch ersetzbar ist.

Also, rüste dich auf mit zwei Schubladenplänen –in der Hoffnung, dass es nie einen Grund geben wird, sie auszupacken.

Die Mühe ist es wert, weil du viel sicherer und selbstbewusster durch den Tag gehen wirst, wenn du Notfallpläne vorbereitet hast. Als ob du im Straßenverkehr in einen Stau gerätst und nicht nur einen, sondern gleich zwei Ausweichwege kennst. Oder deiner Freundin schöne Blumen kaufen willst und der Blumenladen um die Ecke geschlossen hat und du zwei weitere Optionen hast, um doch noch Blumen zu bekommen.

Plan A ist Plicht!

Plan B ist normal!

Plan C ist meine Weisheit für dich!

72 ZEIT IST GELD

»Es gibt Diebe, die nicht bestraft werden und einem doch das
Kostbarste stehlen: Die Zeit.«

Napoleon

Wer kennt ihn nicht, den Spruch »Zeit ist Geld«? Jeder von uns hat ihn schon etliche Male gehört. Doch hat sich irgendjemand von uns jemals gefragt, was genau dahintersteckt? Was ist eigentlich wirklich gemeint?

Es ist einer dieser Sprüche, die uns, obwohl sie uns unser gesamtes Leben begleiten, nie wirklich berührt haben. Warum? Vielleicht weil wir keine Taxifahrer sind, die für längere Fahrten mehr Geld erhalten und der Spruch uns somit nicht direkt betrifft?

Doch er betrifft uns. Und zwar direkt. Und wie! Und das in verdammt vielen Lebensbereichen und Situationen.

Meine langsame Entwicklung in Richtung normales Leben ist ein Paradebeispiel dafür. Fangen wir damit an, dass ich mein Studium erst mit einigen Jahren Verspätung ernsthaft angegangen bin. Während Gleichaltrige schon einen Uniabschluss in der Tasche hatten, war ich noch am Universitäten- und Fächerausprobieren. Das hat mich sehr deprimiert. Ich fühlte mich abgehängt von meinem Umfeld. Außerdem waren alle um mich herum belesener und wussten die verschiedenen Computerprogramme zu bedienen, wovon ich keinen blassen Schimmer hatte.

Ich war im klaren Nachteil.

Das wusste ich, und es setzte mich enorm unter Druck.

In jenen Tagen fing ich an, das langsame Spazierengehen sein zu lassen und die Beine in die Hand zu nehmen, um zu rennen.

Ich hatte keine Zeit mehr zu verlieren!

Zeit sei schließlich Geld, hatte ich immer wieder in meiner Kindheit zu hören bekommen, und jetzt verstand ich auch, was damit gemeint war.

Ich wollte nicht der Letzte sein. Wie hieß es noch? »Wer zuletzt kommt, den bestraft das Leben.« Genau das fühlte ich. Der Letzte, der sehr viel Zeit verloren hatte und so weder Geld, noch einen

Status und Anerkennung, geschweige denn eine sichere Zukunft, hatte.

Das war ich!

Was sucht schließlich der Arbeitgeber?

Er sucht in der Regel nach Mitarbeitern, die jung und energetisch sind und schon Erfahrung im Leben gesammelt haben. Warum sollte er sich also für einen 42-Jährigen entscheiden, der 15 Jahre für sein Studium gebraucht hat, anstatt für einen 27-Jährigen, wenn beide Kandidaten ähnliche Lebens- und Arbeitserfahrungen mitbringen?

Was will eine Frau?

Eine Frau, die Kinder in die Welt setzen will, weiß, dass sie das empfohlenerweise vor dem 40. Lebensjahr tun sollte. Dafür braucht es einen Mann, der mit beiden Beinen fest im Leben steht. Die wenigsten Frauen wollen mit 39 Jahren einen 30-jährigen Studenten heiraten, der es gerade mal schafft, für seine eigene Wohnungsmiete zu sorgen.

Was will die Bank?

Um einen großen Kredit zu gewährleisten, am besten einen Mann, der noch genug Jahre im Arbeitsleben vor sich hat und bei dem man davon ausgeht, dass er das Darlehen für das Haus am See in den kommenden 30 Jahren abbezahlen kann.

Und was ist mit deinem Nachwuchs?

Je später du im Leben deinen eigenen Weg findest, um ein normales und erfolgreiches Leben zu führen, desto später wirst du Geld ansammeln können. Je später du Geld ansparst, desto geringer ist die Chance, dass du deinen Kindern eines Tages beim Studium oder anderen zentralen Dingen im Leben finanziell zur Seite stehen kannst. Du würdest mit deiner verlorenen Zeit die Entwicklung deines eigenen Nachwuchses negativ beeinflussen.

Zeit ist Geld.

Keine Frage!

73 ERFAHRUNG MACHT DEN MEISTER

Die Erfahrung in deinem Beruf macht dich eines Tages zu einem Meister in deiner ganz spezifischen Ausrichtung. Angenommen du bist ein Musiker, ein Klavierspieler. Wie wird aus dir ein Meister? Indem du das Klavierspielen übst, also Erfahrung sammelst.

Es geht mir in diesem Abschnitt jedoch nicht um das berufliche Auskommen, sondern um das Leben an sich.

Die Straße lehrt einen sehr viel!

Auch wenn man das nicht weiß, während man so auf der Straße unterwegs ist und Quatsch macht, ist die Straße eine etwas andere Art der Schule fürs Leben. Graffiti, Randale, Jams, Breakdance, Gangrivalitäten, Knast. Dazu noch die Sache mit den verschiedenen Identitäten und Kulturen, dem Antisemitismus und der Suche nach Hoffnung, Zukunftsaussichten und dem Sinn im Leben.

Meinen beruflichen Werdegang begann ich mit illegalen Tätigkeiten.

Mit 18 Jahren hatte ich dann meinen ersten legalen Job – im Domäne Möbellager auf der Drontheimer Straße. Mit 20 räumte ich für wenige Monate Regale in einem Supermarkt auf der Badstraße ein und wechselte dann zu McDonald's am Potsdamer Platz und im Anschluss auf die Kurfürstenstraße.

Nebenbei liefen teilweise noch illegale Dinge.

Damals wusste ich, dass ich zu Jobs angenommen wurde, die keine besonderen Fähigkeiten erfordern. Für ganz wenig Kopfarbeit gab es dementsprechend wenig Gehalt pro Stunde. Doch ich war glücklich, dass ich überhaupt einen Job hatte. Mehr traute ich mir eh nicht zu. Viele Weddinger hatten nicht einmal den Willen oder den Mut, solch einen einfachen Job zu machen. Für viele war es unvorstellbar, einen peinlichen Job für wenig Gehalt zu machen. Sie hätten sich erniedrigt gefühlt. Für sie war es Sklavenarbeit.

Im Wedding ging es um Ehre, Respekt und Stolz.

Man bevorzugte, das Risiko einzugehen, für illegale »Männer-Jobs« im Knast zu landen, statt sich für ein Minigehalt erniedrigen zu lassen.

Ich stellte eine Ausnahme dar.

Rückblickend bin ich sehr dankbar dafür, dass ich mehrere Jahre in »einfachen« Jobs unter »einfachen« Menschen verbracht habe.

Ich verstehe deshalb Menschen in einfachen Jobs. Wer bin ich, sie herablassend anzuschauen oder zu bewerten? Ich war selbst einmal wie sie.

Ich hätte es heute noch sein können.

Meine heutigen Arbeitskollegen kennen keine »einfachen« Jobs. Es fällt ihnen schwer, das Leben von Menschen in ärmlichen und kriminellen Verhältnissen nachzuvollziehen. Das stelle ich immer wieder fest. Sie hatten nie irgendeine Berührung mit der anderen Hälfte der Bevölkerung. Das Lustige ist, dass sie mir heute nicht ganz abkaufen wollen, dass ich einmal anders war. Wie dem auch sei, meine damalige Erfahrungswelt ist heute umso nützlicher, weil ich unter Menschen arbeite und lebe, die es nicht kennen.

Eine weitere Erfahrung, die ich nicht missen will, ist, dass ich mich damals als ersten Ausweg aus der Misere des Ghettobezirks entschieden habe, in die Bundeswehr einberufen zu werden. In meinem Fall war das aus zwei Gründen hochproblematisch, zum einen als »Kanake«, zum anderen als Jude. Ich war somit einer der ersten Juden in der deutschen Nachkriegsgeschichte, der die deutsche Armeeuniform angezogen hat und sich dafür keine Sekunde geschämt hat.

Für fast ein ganzes Jahr diente ich in der Bundeswehr. Mir war nicht ganz klar, wozu es eigentlich die Bundeswehr gibt und wem oder was mein Dienst etwas bringen würde. Es schien mir wie vergeudete Zeit, und das ist, wie wir wissen, problematisch, denn Zeit ist bekanntlich Geld.

Ohne es damals auch nur im Entferntesten ahnen zu können, bin ich heute, als Reserveoffizier der IDF, fast im Rang eines Oberstleutnant, stolz darauf, dass ich im Gegensatz zu allen meinen Kameraden und Kameradinnen ohne Ausnahme der Einzige bin, der die IDF mit einer anderen Armee vergleichen kann. Nicht weil ich darüber einen Artikel gelesen habe, sondern weil ich die Erfahrung gemacht habe.

Kein Artikel und kein Buch kann einem jemals verdeutlichen, wie es wirklich ist. Der beste Weg, etwas tiefgehend zu verstehen, ist, wenn man eigene Erfahrungen damit macht.

Meine größte Stärke sind, wie schon erwähnt, die vielen Sprachen, die ich spreche und verstehe. Doch auch in diesem Fall hatte ich weder als Kind, das mit seinen Eltern auf Persisch sprach, noch als Oberschüler, der Französisch so schnell wie möglich abwählen wollte, eine Ahnung, dass jede einzelne Sprache nicht Geld, sondern Gold wert ist.

Jede Sprache hat ihre Geschichte bei mir. Einige der Sprachen erlernte ich durch längere Aufenthalte an verschiedenen Orten auf der Welt. Wiederum andere durch die tägliche praktische Anwendung in einer Beziehung oder im Rahmen eines Jobs.

Ich probierte also mehrere Länder aus. Mehrere Universitäten. Mehrere Sprachen.

Ich befand mich auf der Suche nach so vielem. Wusste nicht, wo ich leben will, wo ich studieren sollte und was ich einmal werden wollte. Es waren Jahre der Suche. Der Suche nach allem. Ich war teilweise der Verzweiflung nahe. Es waren jene Jahre, die mir die Erfahrung mit mehreren Ländern und Sprachen mit auf den Weg gaben.

Auch in diesem Fall kann ich heute nicht dankbar genug dafür sein, dass ich all die Erfahrungen gemacht habe.

Erfahrungen, die einen zum Meister machen. Zu einem Meister im Leben, einem Meister im Verstehen von Menschen und Situationen.

Meinem Sohn sage ich fast täglich: »Erfahrung macht den Meister«, wenn wir Schach oder Fußball spielen. Im Gegensatz zu mir, hoffe ich, wird er schon in jungen Jahren verstehen, dass jede Erfahrung im Leben – wirklich jede – wichtig ist und einen zum Meister im Leben macht.

74 HÖR AUF DEINEN KÖRPER!

Wenn man gesund aufwächst, also ohne größere gesundheitliche Einschränkungen, dann nimmt man seinen guten gesundheitlichen Zustand als etwas Normales hin und beschäftigt sich nicht weiter damit.

Alle paar Jahre quält man sich dann höchstens einmal zum Zahnarzt und wenn man, wie in meinem Fall, ein Straßenschild auf den Schädel geschlagen bekommt, dann liegt man vielleicht auch mal eine Nacht auf der Intensivstation. Ansonsten sagt man höflich »Gesundheit«, wenn jemand niest, aber mehr läuft in der Regel in Sachen Gesundheit nicht.

Ich bin relativ gesund aufgewachsen. Die einzige Einschränkung, die ich hatte, war Asthma. Das war ziemlich nervig, weil der Arzt meinen Eltern riet, dass ich es mit dem Fußballspielen langsam angehen solle, um nicht in Atemnot zu geraten. Das Problem dabei war, dass Fußball so ziemlich das Einzige war, was ich in meinen Kindheitsjahren wirklich konnte und mit großem Genuss täglich zur Schau stellte.

Stundenlang jeden Tag nur Fußball.

Nichts anderes interessierte mich.

Meine über meinen Gesundheitszustand besorgten Eltern kauften ein Klavier und schickten mich einmal die Woche zum Klavierunterricht. Der Unterricht fand hinter dem Rathaus Spandau statt. Jeden Samstag musste meine Mutter mich somit zu Fuß von der Pichelsdorfer Straße bis hinter das Rathaus begleiten, damit ich pünktlich zum Klavierunterricht antrat. Das war bei Regen, Schnee und ganz selten auch mal in praller Sonne ein Fußweg von fast einer Stunde hin und eine Stunde zurück. Das Schwierige dabei war, dass wir diesen wöchentlichen Marsch, zumindest in den Anfängen, mit meiner noch nicht einmal 3-jährigen Schwester und meinem gerade erst geborenen Bruder absolvieren mussten.

Das war keine einfache Sache, insbesondere weil ich keine Lust aufs Klavierspielen hatte. Ich wollte, dass meine Eltern mich in einen guten Verein einschreiben, der aus mir einmal einen professionellen Fußballspieler macht. Das war in den 1980ern der Traum vieler Jungs. Es waren die Jahre der Fußballweltmeisterschaft 1986, in der Deutschland nur ganz knapp Argentinien unterlag und Vizemeister wurde.

Aber meine Eltern nahmen die Empfehlung des Arztes sehr ernst und weigerten sich, mich in einem Fußballverein anmeldeten. Das deprimierte mich als kleines Kind sehr, insbesondere weil meine besten Freunde im Spandauer Ball Club trainierten.

Es war das erste Mal, dass ich am eigenen Leibe zu spüren bekam, wie gesundheitliche Einschränkungen einem ins Leben pfuschen können.

Die einzige berufliche Hoffnung wurde mir somit genommen und ich fand nie eine andere Profession, die ich so sehr begehrte und unbedingt ausüben wollte, wie ich es einst mit Fußball tun wollte.

Ich musste mich damit abfinden.

Mit dem Umzug nach Wedding spielte Fußball plötzlich sowieso keine zentrale Rolle mehr, weil ich wenige Monate nach meiner Ankunft mit aggressivem Antisemitismus konfrontiert und mein Leben auf den Kopf gestellt wurde. Fußball und auch Asthma gerieten in Vergessenheit. Jetzt ging es ums Überleben. Gesundheit war kein Thema mehr. Es war das letzte, was mir Sorgen bereitete.

Viele Jahre später, im Alter von 39, wurde ich in die Position eines Abteilungsleiters in der israelischen Regierung aufgenommen. Es war wie ein Wunder für mich. Der ehemalige Weddinger, Graffitisprüher und Bandenchef saß jetzt mit gebügeltem Hemd und polierten Herrenschuhen unter hochrangigen Strebern. Alle meine Kollegen hatten Dutzende Jahre Arbeitserfahrung in den besten Armeeeinheiten und der Akademie hinter sich.

Wie genau passte ich da rein?

Zugegeben, ich hatte große Sorge, zu versagen. Es wäre schließlich nicht das erste Mal gewesen, dass ich mich und alle, denen ich etwas wert bin, enttäuscht hätte. Aus diesem Grund legte ich mich tierisch ins Zeug. Stand um 5 Uhr morgens auf, um vor 7 Uhr schon der Erste im Büro zu sein. Fuhr eine Stunde im Dunkeln auf der Autobahn zur Arbeit, arbeitete täglich immer über zwölf Stunden und das mit sehr unregelmäßigen Essenspausen und fuhr dann abends im Dunkeln wieder zurück nach Hause.

Insgesamt, inklusive Fahrten, war ich täglich sechzehn Stunden unterwegs.

Ich wollte unbedingt Erfolg haben.

Ich wollte mir selbst beweisen, dass ich es schaffen kann.

Und ich wollte es der »Straße in mir« beweisen.

Das ging einige Monate gut. Meine Kollegen behandelten mich wie einen von ihnen und ich fühlte mich in keiner Weise unterlegen. Es war vielleicht das erste Mal in meinem Leben, dass ich mich nicht unterlegen gefühlt habe.

Ein Gefühl der Freiheit blühte in mir auf.

Mein Leben hatte sich endlich in ein normales und erfolgreiches Leben entwickelt.

Eine lange Reise der Suche nach dem »Ich« schien zu Ende zu gehen.

Kaum fühlte ich all diese positiven Energien, wachte ich eines Nachts schweißgebadet auf. Mein Kopf dröhnte. Ich hatte unvorstellbare Schmerzen. Kurze Zeit später befand ich mich schon auf der Intensivstation in einem nahegelegenen Krankenhaus und musste mit einem Rollstuhl von einem Test zum anderen gefahren werden.

Ich schwitzte.

Mir war jedoch kalt.

Man deckte mich auf dem Rollstuhl mit einer warmen Decke zu.

Dann übergab ich mich, auf mich selbst.

Die Decke wurde ausgewechselt.

Besser ging es mir nicht.

Schrecklich.

Es war eine Hirnhautentzündung, die ich mir zugezogen hatte, so die Ärzte. Mir fehlte die Kraft, es zu googeln. Ich hatte nicht den blassesten Schimmer, um was es sich handelte.

Ich bekam ein Bett im Krankenhaus.

Plötzlich war ich ein Krüppel.

Fühlte mich wie ein alter Mann, der keine Kontrolle mehr über sich selbst hatte.

Eine ganze Woche lag ich flach. Mit flach meine ich flach. Jedes Aufstehen war die reinste Quälerei. Der Chefarzt fragte mich, ob ich eventuell beruflich sehr überfordert gewesen sei, und plötzlich verstand ich, dass ich es übertrieben hatte.

Mein enormer Willen, es allen um mich herum und insbesondere mir selber zu beweisen, dass ich es schaffen kann und kein dummer kleiner krimineller Weddinger mehr bin, hat mich fast das Leben gekostet.

Dabei hatte ich erst wenige Tage vorher zum ersten Mal in meinem Leben das Gefühl bekommen, dass ich es geschafft hatte.

Geschafft, um abzukratzen?

Da habe ich mich über 15 Jahre bemüht, mein Leben in den Griff zu bekommen und aus mir etwas zu machen, um es über Nacht in die Tonne zu schmeißen?

Was mir passierte, war eine Lektion fürs Leben!

Gesundheit ist nämlich etwas, womit man nicht spielen darf. Es ist etwas, worauf man täglich achtgeben und was man pflegen muss. Was bringt dir sonst dein beruflicher Erfolg, wenn du von einem auf den anderen Tag zum Krüppel wirst und dich vollkotzt?

KAPITEL 8
INSPIRATION

In all dem Wirrwarr und dem pausenlosen Kampf, es zu schaffen, müssen wir zwischendurch auch Luft holen und uns inspirieren lassen. Warum ist das wichtig? Um aufzutanken. Die ganze Zeit. Wie ein Auto, das Benzin braucht, um zu fahren. Wie eine Blume, die Wasser braucht, um zu gedeihen. So brauchen wir Menschen so viele Dinge, um weitermachen zu können. Inspiration ist eine davon.

Mehr dazu in den folgenden Weisheiten.

75 FANTASIE

»Phantasie ist wichtiger als Wissen, denn Wissen ist begrenzt.«

Albert Einstein, deutscher Physiker

Als Heranwachsender hatte ich keine Fantasie.

Ich lebte nur so in den Tag hinein und wusste nichts wirklich Gescheites mit mir anzufangen. Ich schrieb mich ein für das Fach Sozialkunde an der Humboldt Universität und sah immer größer werdende Fragezeichen vor mir auftauchen, je mehr Stunden ich besuchte.

Mir war relativ schnell klar, das ist nichts für mich.

Überrascht hat mich das nicht.

Mal wieder hatte ich meine Zeit verschwendet.

Dann wechselte ich an die Freie Universität und schrieb mich für Judaistik, Altorientalistik und noch so ein – keine Zukunft garantierendes – Fach ein, was so unwichtig war, dass es mir nicht einmal mehr einfällt, deshalb lasse ich es einfach ganz weg.

Hauptsache kein BWL-Studium, schwor ich mir.

Warum? Weil BWL nur diejenigen studierten, die nicht wussten, was sie aus sich und ihrem Leben machen wollten.

Kein Scherz! Als ob ich einen Plan gehabt hätte.

Aber auch in den neuen Studiengängen wurde mir schnell langweilig und ich verstand, dass ich wieder einmal nur Zeit totschlug, ohne ein konkretes Ziel vor Augen zu haben.

Drei Fächer studierte ich und in mindestens fünf anderen Fächern setzte ich mich freiwillig rein, unter anderem Islamwissenschaften und einen Russischkurs für Anfänger, in dem jeder Student sich einen russischen Namen aussuchen musste, mit dem er angesprochen werden wollte. Mein Name war Sergej. So stand es auch auf meinem Namensschild vor mir auf dem Tisch.

Du merkst, auch das war alles wieder vollkommen planlos und ohne irgendeine Fantasie, wofür ich das eigentlich tun würde und bei was es mir eventuell eines Tages mal helfen könnte. Es war ein eigenartiges Gefühl nach der Universität nach Hause zu fahren und zu wissen, dass ich eigentlich nichts gemacht hatte, um mir etwas für die Zukunft aufzubauen.

Teilweise nahm ich sogar meinen Teilzeitjob bei McDonald's ernster als das Studium.

Eine Kollegin wurde zur Verantwortlichen der Tagesschicht befördert. Das klang aufregend. Ich spielte mit dem Gedanken, Karriere bei McDonald's zu machen. Vielleicht würde ich es eines Tages einmal zum Geschäftsführer einer McDonald's-Filiale bringen, mit Dutzenden Mitarbeitern und lauter Hip-Hop-Musik, mit denen ich die Kunden meines Lokals willkommen heißen könnte.

Die Fantasie ging förmlich durch mit mir.

Wäre das mein Wunsch? Wofür dann noch studieren? Mein ganzes Leben in einem McDonald's arbeiten? Würde ich dann täglich einen dicken Burger mit Pommes und Cola zum Mittagessen speisen?

Das waren komische, aber echte Gedanken.

Was sonst hätte ein lausiger Weddinger sich zutrauen können? Ich war fantasielos.

Mit meinem Umzug nach Israel änderte sich sehr viel in meinem Leben. Aus mir unerklärlichen Gründen hatte ich plötzlich Fantasie ohne Ende. Als ob sich die Fantasie bis zu jenem Zeitpunkt in einer geschlossenen Flasche befunden und jemand den Deckel der Flasche geöffnet hätte. Es sprudelte nur so aus mir heraus.

Ich wollte noch mehr Sprachen verstehen und sprechen können.

Für den Staat Israel arbeiten, um mich dafür zu revanchieren, dass er mir eine zweite Chance im Leben geschenkt hat.

Bücher und Zeitungsartikel schreiben, auf Facebook ein Influencer werden, dessen Meinung von vielen Menschen geschätzt wird.

Die Welt bereisen, ein Haus mit Garten besitzen, mit meinem Sohn Fußball spielen und meiner Tochter stundenlang beim Klavierspielen zuhören.

Ich hatte die Fantasie, dass aus mir, trotz allem, doch noch etwas werden könnte.

Theodor Herzl hatte die Fantasie eines »Judenstaates« ungefähr ein halbes Jahrhundert, bevor Israel 1948 in die Realität umgesetzt wurde.

Herzl wusste, dass es einen berechtigten Grund dafür gäbe, einen unabhängigen Staat für die Juden an seinem Ursprungsort zu gründen beziehungsweise wiederzugründen. Es bestand eine feste Basis, auf der er aufbauen konnte. So ähnlich sehe ich es mit mir. Fantasie entwickelte sich erst, als es eine Basis gab, auf der ich aufbauen konnte. Es gab einen berechtigten Grund und genug geleistete Vorarbeit, um ein freies und erfolgreiches Leben, das einen Sinn ergibt, führen zu können. Um Fantasie in Realität umzusetzen. Wenn ich es geschafft habe, dann kannst auch du das!

76 BEWUNDERE!

Was ist falsch daran, andere Menschen zu bewundern?
Nichts.
Wir alle haben das als Kinder gemacht, wieso also nicht auch als Heranwachsende oder selbst im fortgeschrittenen Alter?
Im Gegenteil, es ist meiner Ansicht nach wichtiger, als Erwachsener zu bewundern, andere Menschen zu bewundern – für ihre Einstellung, ihren Einsatz und ihren Erfolg. Denn während man als kleines Kind gerne Superstars – in meinem Fall waren das unter anderem Diego Maradona und Michael Jackson – bewundert, deren Ruhm unerreichbar ist, fängt man schon im Jugendalter an, Menschen zu bewundern, die einem als Vorbilder dienen und deren Wege sehr wohl nachahmbar sind und deren Ruhm erreichbar ist.
Auf der Straße bewunderte ich die stärksten und mutigsten Jungs.
Sie inspirierten mich.
Ich wollte so sein wie sie.
An der Universität bewunderte ich die hellsten Köpfe.
Auch sie inspirierten mich.
Ich wollte so sein wie sie.
Selbst als Ehemann und Familienvater beobachte ich andere Männer in meiner Situation, und wenn ich feststelle, dass sie das Leben besser im Griff haben als ich, dann bewundere ich sie dafür und versuche, mir eine Scheibe abzuschneiden, um es auch besser zu machen.
Es gibt so viel, wofür man andere Menschen bewundern kann.
Menschen, die dank hartnäckigem Durchhaltevermögen eine Krankheit überstanden haben.
Menschen, die sich dank jahrelangem Einsatz und Fleiß ein erfolgreiches Unternehmen aufgebaut haben.
Menschen, die in Kriegssituationen gezwungen wurden, ganz schlimme Dinge durchzumachen, und dennoch nicht aufgegeben haben und das Leben positiv angehen.
Menschen, die in schwierigen Verhältnissen ohne Hoffnung aufwachsen und es dennoch schaffen, ein gutes, glückliches und erfolgreiches Leben aufzubauen.

Ja, das alles gibt es und es ist zutiefst bewundernswert.

Bewundern bedeutet demnach auch, dass man nachahmen möchte.

Andere nachzuahmen beziehungsweise von ihnen zu lernen, ist keine Schande.

Im Gegenteil. Man lebt nicht allein auf dieser Welt. Wir befinden uns in vielen verschiedenen Arten von Beziehungen mit unserem Umfeld. Jeder von uns stellt wie gesagt eine »Schraube« im System dar. Wir sind weder die ersten noch die letzten auf dieser Welt, die vor Herausforderungen stehen und versuchen, das Beste aus dem Leben zu machen.

Deshalb lege ich dir ans Herz, andere zu bewundern, dich inspirieren zu lassen und anschließend nachzuahmen, wo es sich anbietet und lohnt.

77 ELTERN & KINDER

Eine meiner größten Inspirationsquellen sind meine Eltern einerseits und meine Kinder andererseits.

Meine Eltern sind in den 1970ern nach Deutschland eingewandert, ohne auch nur ein einziges Wort Deutsch zu sprechen. Für meinen Vater war es wie ein Abenteuer, nur eine Generation nach dem Holocaust, ins Land der Täter zu ziehen und die Kinder der Mörder an der Universität, im Supermarkt und auf dem Fußballfeld anzutreffen.

Wie würden sie wohl drauf sein, die Kinder von Nazis?

Mit einem kleinen roten Teppich unter dem Arm kam er in Göttingen an, wo er das Studium aufnahm.

Meine Mutter freute sich auch über ein neues Leben in Europa und brachte mich im Jahr 1977 zur Welt.

Beide haben sich weit weg von allem, was ihnen vertraut war, ein neues Leben aufgebaut. Auch wenn sie nichts Sensationelles erreicht haben, habe ich große Achtung davor, dass sie diesen Weg gegangen sind. Sie sind ihn nicht nur für sich selbst gegangen, sondern in erster Linie für ihre Kinder, also mich und meine zwei Geschwister. Uns wollten sie eine bessere Zukunft bieten. In einem Land – weit weg vom Judenhass fanatischer Islamisten im Iran –, das aufgrund der Vergangenheit das letzte Land sein würde, in dem Juden sich unsicher fühlen würden.

Sie täuschten sich. Sehr!

Einen Großteil ihres Lebens haben sie in Deutschland verbracht, sich jedoch nie wirklich wohl und akzeptiert gefühlt.

Nicht weil sie Juden sind. Sondern weil sie äußerlich als Schwarzköpfe, Ausländer, Türken, Araber, Muslime wahrgenommen wurden und sich so immer als Menschen zweiter Klasse gefühlt haben.

40 ganze Jahre hielt das Abenteuer an, bevor sie vor wenigen Jahren ein zweites Mal ihre Sachen packten und ihr Zelt wieder in einem neuen Land aufschlugen. Wieder in einem Land, dessen Sprache sie nicht sprachen. Dieses Mal in Israel.

Dieses Mal zum letzten Mal.

Mich inspiriert die Reise meiner Eltern enorm.

Jahrtausendelang sollen Juden gewandert sein. Meine Eltern sind insofern absolut keine Ausnahme. Ich stelle somit auch keine Ausnahme dar, denn auch ich versuchte mein Glück in mehreren Ländern, bevor ich mich in Israel endgültig niederließ.

Wird meine Reise in Israel zu Ende gehen?

Familie kann sowohl deine größte Stärke, als auch deine größte Schwäche sein.

Ich war viele Jahre sauer auf meine Eltern, weil sie nach Wedding gezogen waren und uns alle in unnötige Gefahr brachten und ich kurz davor war, mein Leben zu verbocken. Mein Leben hätte durch ihre Fehlentscheidung, so sah ich es bis vor Kurzem, kaputtgehen können.

Warum taten sie mir das an?

Auch wenn wir viele positive Momente hatten – woran ich mich gerne zurückerinnere, sind unsere abendlichen Mensch-ärgere-dich-nicht-Runden –, war das Leben meiner Eltern über weite Strecken ein trauriges und einsames Leben.

Ich war sauer, weil es mir nicht immer gut ging.

Aber sah ich eigentlich, was meine Eltern durchmachten?

Meine Mutter, die um 3 Uhr nachts am Fenster stand und nicht bereit war, schlafen zu gehen, bevor ich nach Hause kam? Mein Vater, der sich, nachdem er seinen Job bei Karstadt verlor, beruflich neu orientieren musste, um seine Familie durchzufüttern? Meine Mutter, die eine Änderungsschneiderei und Boutique auf der Grüntaler Straße eröffnete und Kleider nähte, bis ihre Finger grün und blau wurden? Mein Vater, der alle paar Wochen wegen mir in die Schule oder ins Polizeirevier geladen wurde?

Nein.

Das alles und so viel mehr sah ich nicht.

Heute sehe ich es.

Mit vielen Jahren Verspätung blicke ich zurück und habe großen Respekt vor meinen Eltern, die es geschafft haben, glückliche Rentner zu werden.

Selbst das war nicht immer absehbar.

Vor etwas über 20 Jahren verlegte ich den Schwerpunkt meines Lebens nach Israel. Allein zog es mich in das schöne Land am Mittelmeer. Auch ich, ähnlich wie meine Eltern viele Jahre zuvor, konnte die Sprache meines neuen Aufenthaltsortes, meiner neuen Heimat, kaum.

Doch ich wusste, dass ich es schaffen könnte, wenn ich mich nur ins Zeug lege. Warum auch nicht, schließlich hatten es doch meine Eltern in Deutschland auch irgendwie hinbekommen. Warum also nicht auch ich in Israel?

Heute schaue ich meinen Kindern in die Augen und erkenne nicht nur mich wieder, sondern teilweise auch meine Eltern und Geschwister. Mit meinem 9-jährigen Sohn spiele ich Fußball, während ich meiner 7-jährigen Tochter ein Klavier gekauft habe. Déjà-vu. Viele Dinge wiederholen sich. Manchmal auf ganz absurde und manchmal hingegen auf überraschende Weise.

Es ist ein Segen, Eltern zu haben, die einen lieben, die einen unterstützen, die einen mit ihren Geschichten und Erfahrungen inspirieren. Man kann so viel von seinen Eltern lernen, wenn man ihnen nur aufmerksam genug zuhört.

Die 40-jährige Reise meiner Eltern in Deutschland hat mich unheimlich inspiriert. Aber nicht nur das. Viele Situationen und Herausforderungen, mit denen meine Eltern einst zu kämpfen hatten, begegnen nun mir. Déjà-vu. Wieder.

Die Beziehung zu meinen Kindern ist eine noch inspirierende-re, weil sie auf Gegenseitigkeit beruht. Meine Kinder inspirieren mich nämlich nicht weniger, als ich sie zu inspirieren versuche.

Um das Leben zu meistern, ist man nicht selten auf Hilfe angewiesen. Eine gute Beziehung zu deinen Eltern stärkt dir den Rücken und ist ein potenzielles Rückzugsgebiet, das du nicht verspielen solltest. Doch gibt es meiner Meinung nach kaum etwas, das einen glücklicher machen könnte im Leben, als eigene Kinder auf die Welt zu bringen, in denen du dich wiedererkennst und denen du all die Wünsche erfüllen kannst, die dir einmal nicht erfüllt wurden.

Ihr Lächeln, ihre Umarmung, ihre Liebe ist das größte Glück im Leben.

78 KINDHEITSFREUNDSCHAFTEN

Die Familie kann man sich nicht aussuchen. Freunde schon! Es gibt alle möglichen Formen freundschaftlicher Beziehungen. Freunde aus der Kindheit und Jugend, unter Kameraden in Uniform, unter Studenten an der Universität, auf Reisen, auf der Arbeit und wenn man Kinder hat, dann fast schon aufgezwungene Freundschaften zu den Eltern derjenigen Kinder, die mit deinen Kindern befreundet sind.

Unter all diesen und noch mehr freundschaftlichen Beziehungen, die viele von uns im Laufe ihres Lebens entwickeln und pflegen, sind Kindheitsfreundschaften mit Abstand die ehrlichsten Freundschaften, gefolgt von Jugendfreundschaften.

Kinder freunden sich nämlich in erster Linie mit anderen Kindern an, mit denen sie sich verstehen, sich sympathisch sind, gemeinsame Spiele spielen können und vielleicht sogar auch nur, weil man denselben Heimweg hat und lieber gemeinsam als allein läuft.

Es ist eine ehrliche Freundschaft.

Eine Freundschaft, die relativ frei von Interessen ist.

Eine Freundschaft, die ein Leben lang halten kann.

Man wächst gemeinsam auf. Geht als Kinder durch dick und dünn. Rauft sich auch mal, um sich am nächsten Tag wieder zu versöhnen.

Es ist pure Liebe.

Man weiß es nur noch nicht. Erst viele Jahre später versteht man das.

Irgendwann ist der Spaß jedoch vorbei. Man wird älter und das Leben wird immer ernster. Eine vorher relativ nebensächliche Sache tritt mit voller Wucht in den Mittelpunkt deines Lebens: Verantwortung!

Das ist der Punkt, an dem jeder seinen eigenen Weg einschlägt.

Der eine macht eine Ausbildung in Berlin, die andere zieht zu ihrem Freund nach Westdeutschland und macht sich selbstständig, wiederum ein anderer wandert aus und noch eine wird alleinerziehende Mutter und schlägt sich durchs Leben.

Der Heranwachsende muss sich jetzt um sich und seine eigene berufliche Entwicklung kümmern. Niemand will auf der Strecke bleiben. Es sind die Zwanziger- und teilweise noch Dreißigerjahre, in denen jeder seinen eigenen Weg beschreitet, um am Ende des Prozesses in eine Karriere reinzurutschen, die einen endgültig zu einer festen und hoffentlich glücklichen »Schraube« im System macht.

Viel Zeit für die ehemaligen Freunde von damals hat man plötzlich nicht mehr. Man ist so sehr mit sich und seinem eigenen »Überlebenskampf« beschäftigt, in meinem Fall wortwörtlich, das man nicht selten alte Freundschaften vernachlässigt.

Man hat ja neue Freunde.

Freunde, mit denen man auf der Arbeit zum Mittagessen geht.

Freunde, mit denen man einmal die Woche Fußball spielt.

»Freunde«, die eigentlich eher nur Nachbarn sind. Aber da man so wenig Zeit für seine echten Freunde hat, stehen die Nachbarn, die man fast täglich sieht, einem fast schon näher als die wahren Freunde.

Wer sind die »wahren Freunde«?

Meiner Meinung nach ist wahre Freundschaft fast wie ein Ehebund. So wie man bei der Hochzeit schwört, dass man in guten wie schlechten Zeiten zueinander hält, so sollte es auch zwischen wahren Freunden sein.

Derartige Freunde finden sich im Erwachsenenleben seltener als während der Kindheit und Jugend. Ganz einfach, weil die Intensivität der Freundschaft eine ganz andere ist. Während man als Kind jeden Tag mehrere Stunden mit seinen engsten Freunden unterwegs war, so trifft man sich mit der Zeit immer seltener mit Freunden, je mehr Verantwortung man auf seinen eigenen Schultern trägt. Was früher an erster Stelle stand – die Freundschaft –, muss im Erwachsenenleben Platz machen für Arbeit, Partner, Kinder, Gesundheit, Rechnungen, Autoreparaturen, Facebook, Twitter und Netflix.

Irgendwann, weit abgeschlagen, kommt dann »oh, den würde ich gerne mal wiedersehen« oder »sich einmal im Jahr zum Grillen treffen kann doch nicht so schwierig sein«.

Kindheitsfreundschaften sind wahre Freundschaften.

Wahre Liebe.

Man hat so viel gemeinsam durchgemacht. So viel.

Und so verdammt viele Jahre sind vergangen und man wird nicht jünger.

Verantwortung über Verantwortung.

Herausforderungen über Herausforderungen.

Es bleibt kaum noch Zeit zum Durchatmen.

Unsere gesamte Existenz basiert auf unserer Vergangenheit. Teil unserer Vergangenheit sind auch Freunde, die einen begleitet haben, einige vielleicht sogar über weite Strecken.

Sie sind es, die mich als kleinen Jungen in Spandau und Jugendlichen im Wedding gekannt haben.

Sie sind es, mit denen ich über die Klassenfahrt in der 6. Klasse nach Kranach sprechen kann, und darüber wie ich in der 11. Klasse von der Schule geschmissen wurde.

Sie sind es, die mich mit vollem schwarzem Haar und billigen Adidas-Nachahmungen von Woolworth in Erinnerung haben.

Als Graffitisprüher. Bandenchef. Gangster.

Niemand will mit seinen Erinnerungen allein bleiben. Was wäre trauriger, als seine Kindheitserinnerungen mit niemanden mehr teilen zu können?

Meine Frau, die ihre Kindheit in der Ukraine und ihre Jugend in einer gutbürgerlichen Gegend in Nürnberg verbracht hat, kann sich überhaupt nicht in meine Vergangenheit hineinversetzen. Es wirkt alles so fremd und eigenartig für sie. Es war nun mal nicht ihre Welt. Umso glücklicher bin ich darüber, dass ich nach wie vor eine sehr gute Beziehung zu einer Handvoll Freunden aus meiner Kindheit und Jugend pflege, mit denen ich mich hin und wieder unterhalte. Wir können uns gemeinsam an vergangene Tage zurückerinnern.

»Weißt du noch?«

Wir lachen und amüsieren uns.

Mit einem Mal sind wir wieder zurück in unserer Kindheit.

Das tut unheimlich gut.

Es ist befreiend und inspirierend.

Es gibt dir sogar einen heftigen Energie- und Motivationsschub für die kommenden Tage, in deinem Leben voller Verantwortung.

79 PRINZIPIEN

Unter Prinzipien verstehe ich unter anderem, mein Bett morgens zu machen, pünktlich zu Verabredungen zu erscheinen, nicht zu rauchen, Anstand und Toleranz gegenüber meinem Umfeld zu wahren.

Für diese und eine ganze Reihe anderer Prinzipien war ich schon immer bereit, mich »schmutzig« zu machen.

Ich bin es heute noch.

Vielleicht sogar noch mehr als je zuvor.

Prinzipien sind in meinen Augen Richtlinien beziehungsweise Säulen aus Beton, die mich im Leben stützen.

Jeder Mensch, ohne Ausnahme, benötigt Stützen im Leben.

Mal mehr, mal weniger.

Es ist fast schon wie eine Religion samt all ihrer Vorschriften, die einen Wegweiser, eine »Stütze« für gläubige Menschen darstellt. Was wären sie, wenn man ihnen das wegnehmen würde?

Wahrscheinlich verlorene Seelen, vollkommen verloren auf dieser Welt.

Leider sehen es nicht alle Menschen so. Ich sage leider, weil Prinzipien in meinen Augen in der Regel etwas Positives sind, und Menschen, die Prinzipien haben, fester im Leben stehen.

Menschen, die Prinzipien haben und für sie eintreten, werden dafür normalerweise geschätzt.

Es deutet auf Charakterstärke hin.

In der Politik, mit der ich beruflich in Kontakt komme, befinden sich leider auch Politiker, die wissen, dass sie bei ihren Wählern besser ankommen, wenn sie so tun, als wären sie Prinzipienverfechter. In Wirklichkeit jedoch haben sie kaum Prinzipien. Alles, was sie interessiert, ist, wiedergewählt zu werden und in der Politik aufzusteigen. Nach außen hin zeigen sie demnach nur, was der Wähler gerne sehen und hören möchte, obwohl sie nicht annähernd mit dem ganzen Herzen dahinterstehen.

In der Armee hingegen habe ich viele Offiziere kennenlernen dürfen, die Prinzipien hatten und sich dafür eingesetzt haben. Selbst auf das Risiko hin, es sich mit anderen Offizieren zu verscherzen.

Das hat mich jedes Mal aufs Neue inspiriert.

Es hat mich in meinem Weg bestärkt. Zu wissen, dass es andere Menschen gibt, die genau wie ich Prinzipien haben und bereit sind, sich für ihre Prinzipien »schmutzig« zu machen.

80 In der Ruhe liegt die Kraft

Alles geht mittlerweile so verdammt schnell.
So viel Data. So viele neue Entwicklungen. Autos, die von allein
fahren. Handys, die deinen Gesprächen zuhören und dir dann
passende Werbung schicken. Post, die dich innerhalb von
48 Stunden erreichen kann, selbst wenn sie von der anderen Seite der Welt abgeschickt wurde. Freundschaften und Karrieren, die
in Windeseile gewechselt werden.
Das Angebot ist ein viel größeres als je zuvor.
Es wimmelt nur so von Angeboten.
Angebote, die erschwinglich sind.
Wenn man nur dranbleibt.
Dranbleiben ist jedoch leichter gesagt als getan. Es ist, als ob
wir uns inmitten eines bis ans Ende unseres Lebens anhaltenden
Marathonlaufes befinden würden und von Kilometer zu Kilome-
ter die Geschwindigkeit steigt. Um dranbleiben zu können, müs-
sen wir noch mehr schwitzen.
Egal, Hauptsache wir bleiben dran.
Nicht mitzuhalten, ist einfach keine Option.
Es sei denn, man will sich auf eine einsame Insel begeben und
sich dort von Kokosnüssen ernähren, bis man alt und grau wird.
Nein, wir wollen am Leben teilhaben.
Erfolgreich und glücklich werden.
Eine Flucht vor Verantwortung und dem Marathonlauf kommt
somit nicht infrage.
Alles wird also schneller. Aber schneller bedeutet nicht immer
gleich besser. Wer schnell sein will oder muss, achtet weniger
aufs Detail, eventuell auch weniger auf Sorgfältigkeit, und geht
mit weniger Gefühlen und Emotionen ans Werk.
Man hat einfach keine Zeit, um mehr von sich reinzustecken,
weil man in Gedanken schon bei der nächsten Herausforderung
ist.
Wir haben unendlich viele Stresssituationen im Leben.
Der Stress fängt früh an.
Man darf jedoch auf gar keinen Fall in Panik geraten, sondern
muss versuchen, die Ruhe zu bewahren. Überhastete Reaktionen
verkomplizieren die Situation oft nur.

Du solltest auch Momente der Ruhe haben, um dich vom täglichen »Dschungel« zu erholen und den Kopf frei zu bekommen. So viele tägliche Herausforderungen und Stress sind sehr schwer zu verkraften, insbesondere weil alles so schnell geht, dass einem kaum Zeit zum Nachdenken bleibt. Also, statt das Handtuch zu werfen und auf eine einsame Insel zu fliehen, lege ich dir sehr ans Herz, jeden Tag kurze »Fluchtausflüge« in deinen Tagesablauf einzubauen.

Ein sehr geläufiger »Fluchtausflug« ist der Toilettenbesuch. Nicht weil man unbedingt muss, sondern weil man ein paar Minuten ungestört sein kann, um in sich zu gehen.

Nach der Mahlzeit das Geschirr abzuwaschen, ist zum Beispiel einer meiner Liebingsfluchtausflüge. Damit schlage ich nämlich gleich zwei Fliegen mit einer Klappe. Zum einen will niemand Geschirr abwaschen und ich tue mit meinem Freiwilligeneinsatz allen anderen einen Gefallen. Zum anderen sind wir, das Geschirr und ich, vollkommen ungestört und ich kann die Zeit hervorragend nutzen, um über Dinge nachzudenken, die mir wichtig sind.

Morgens oder abends entspannt um den Block zu laufen oder mit deinen Kindern auf den Sportplatz zu gehen und sie Bälle werfen beziehungsweise schießen zu lassen, ist auch sehr ratsam, um ein wenig Abstand zum Geschehen zu bekommen und dich zu regenerieren.

In der Ruhe liegt die Kraft!

Du brauchst ohne Ende Kraft, um den Alltag, um das Leben zu meistern.

Lass dich durch die plötzliche relative Ruhe mitten am Tag inspirieren und atme tief durch.

Es ist wie gesagt ein endloser Marathonlauf, den du und ich, jeder in seinem Tempo, absolvieren muss.

81 DER BAUM, DIE WÜSTE, DAS MEER

Meine 2010 zum ersten Mal erschienene Autobiographie *Ein nasser Hund ist besser als ein trockener Jude* schließe ich mit den folgenden Worten ab:

»Gegen Ende meines Kibbuzaufenthaltes nach der Einwanderung machte der gesamte Ulpan in zwei Bussen einen Ausflug in die Negev-Wüste im Süden Israels. Er dauerte zwei Tage und wir wanderten stundenlang über Land. Wir aßen bei den Beduinen und hörten beduinische Musik. Es war für viele von uns, mich eingeschlossen, ein richtiges Abenteuer. Am zweiten Tag fuhren wir einen Berg hoch, von dessen Spitze aus man einen weiten Blick auf den Negev hatte. Dort standen wir alle und sahen in die ewige Wüste. Ich stellte mir vor, wie vor mehreren 1.000 Jahren meine Vorfahren unter solchen Bedingungen gelebt hatten. Ich war tief beeindruckt. Ich war glücklich darüber, nach so vielen Jahrhunderten und Jahrtausenden an einem Ort zu stehen, der mich fühlen ließ, wie es früher war. Plötzlich fühlte ich mich zu Hause. Ich war angekommen.

Ich stieg alleine den letzten Hügel hoch, um noch weiter in mein Land blicken zu können. Ich sah auf die gewaltige Steinlandschaft. Ich setzte mich nieder. Da saß ich nun und sah Ursprung und Geschichte meines Volkes sich widerspiegeln in dieser faszinierenden Landschaft. Ein großes Glücksgefühl erfüllte mich. Ein Zionist mit Leib und Seele war ich geworden. Eines Tages möchte ich meinen Teil dazu beitragen, dass die dunklen Zeiten der Brüderkriege zwischen Juden und Arabern, ob in Berlin, im Heiligen Land oder wo auch immer auf Erden, ein Ende nehmen.

Es werde Licht, sprach Gott am Anfang, und es wurde Licht: ein schwaches, trübes Licht, eher ein fernes Leuchten, wie von einer Kerze, nicht von einem Scheinwerfer. Mehr Irrlicht als Glorienschein. Manchmal halten wir dieses Flackern für so unbedeutend, dass wir es kaum sehen, dass wir es gering

schätzen zwischen Finsternis und Finsternis. Doch das erlö-
sende Licht wird sich ausbreiten, früher oder später!«

Wie gesagt ist das Buch im Jahre 2010 im Buchhandel erschienen. Geschrieben hatte ich es jedoch viele Jahre vorher, um die Jahrtausendwende. Es war mein erstes Werk, das eigentlich gar nicht als Werk geplant war, sondern eher als eine niedergeschriebene Erklärung für meine Kinder, falls sie eines Tages fragen sollten, warum ihr Vater Deutschland den Rücken zugekehrt hatte, um ein neues Leben in Israel zu beginnen. Es war eine Art Abschiedsbrief an meine alte Heimat Deutschland. Ein ziemlich emotional geladener Abschiedsbrief, voller Momente, die mich noch heute, 20 Jahre nach dem Umzug nach Israel, in ihren Bann ziehen und inspirieren. So wie die oben wiedergegebenen Zeilen, die von faszinierenden Landschaften, der ewigen Wüste, der Hoffnung auf Frieden und dem Licht für die Welt sprechen.

Die Quelle der Inspiration ist die Natur!

Die Natur mit all ihren Farben und Formen.

Sie faszinierte mich schon als Kleinkind, als ich in Spandau Kastanien sammelte und vierblättrige Kleeblätter suchte; um die Jahrtausendwende auf dem Berg im Süden Israels mit Blick in die Wüste; und heute, wenn allein der Blick auf einen mächtigen Baumstamm im Herzen Tel Avivs mir genügt, um wirklich tiefgehend inspiriert zu werden.

Was gibt uns Mut?

Was Motivation?

Wie tanken wir Ausdauer?

Ich tue das unter anderem am Meer, im Wald, in der Wüste. In Israel ist alles innerhalb kurzer Zeit erreichbar. Ich nutze das und fahre öfter in die Natur.

Wir alle brauchen längere Momente der Ruhe. Kurz Geschirr abzuwaschen, ist nicht genug. Momente, in denen wir auf etwas blicken, das uns inspiriert, stärkt und eventuell das Fällen von Entscheidungen einfacher macht.

82 WEINE NICHT VERGANGENEM NACH!

Ich habe viel durchgemacht. Gefühlt habe ich die Lebenserfahrung eines 120 Jahre alten Mannes. Das ist kein Scherz und keine Übertreibung.

Ich meine, wie viele Menschen kennst du, die im Alter von 43 Jahren in vier Ländern gelebt haben? Sich in fast zehn Sprachen artikulieren können? In zwei Armeen gedient haben? Von der Schule geschmissen wurden, aber das Master-Studium an einer Elite-Universität mit Auszeichnung absolviert haben? Sich vom Bandenmitglied und Straßenrowdy zum hochrangigen Regierungsmitarbeiter entwickelt haben? Früher Wände mit Graffiti beschmiert beziehungsweise angemalt haben und heute Bücher schreiben?

Dieses Buch schreibe ich nicht ohne Grund.

Ich habe mein ganzes Leben Menschen beobachtet und von ihnen gelernt. Von jedem Menschen kann man etwas lernen. Wieso also nicht auch du, indem du die eine oder andere Weisheit hier aufnimmst und in die Tat umsetzt?

Ich habe viel erlebt – Negatives, aber zum Glück auch sehr viel Positives.

Ich habe Erinnerungen, die teilweise sehr wach in mir sind. Manchmal etwas zu wach, um ehrlich zu sein.

Ich habe festgestellt, dass es mir Freude bereitet, mich an schöne Dinge in meiner Vergangenheit zurückzuerinnern. An Zwischenfälle, die mir positiv in Erinnerung geblieben sind, und an Menschen, die mich unterstützt und an mich geglaubt haben.

An Freunde, die wahre Freunde waren, auch wenn es ihnen nicht immer leicht gemacht wurde, einen Juden auf den Straßen Berlins als Freund zu haben. Doch sie waren für mich da. Im Notfall waren sie auch bereit, mich mit gezückter Pistole zu verteidigen.

Auch das ist weder ein Scherz noch eine Übertreibung.

Viel ist passiert, in meinem gefühlt 120-jährigen Leben.

Ich würde lügen, wenn ich behaupten würde, dass ich nicht hin und wieder traurig darüber sei, dass bestimmte Dinge vorbei sind und nie wieder so sein werden, wie sie mal waren. Nie wieder zurückkommen werden.

Doch weder du noch ich haben eine Wahl.

Was war, das ist vorbei, und wir müssen glücklich darüber sein, dass wir das Glück hatten, dass wir jene Momente erleben und in manchen Fällen vielleicht sogar überleben durften.

Man kann die Zeit nicht zurückdrehen.

Die Vergangenheit lebt jedoch in uns allen weiter fort. Sie ist ein integraler Bestandteil unseres Charakters, unseres Ichs. Doch selbst wenn Vergangenes in unser Weltbild einfließt und unsere Ansichten und unser Verhalten mitbestimmt, wäre es der falsche Ansatz, Vergangenem nachzuweinen. Auch wenn es sich anbietet, in schönere Zeiten der Vergangenheit zu fliehen, wenn es einem in der Gegenwart schlecht ergeht.

Das Gegenteil ist der richtige Weg.

Denn genau jene vergangenen Erlebnisse, Zwischenfälle, Begegnungen können einen auch unheimlich inspirieren. Schließlich muss unser Blick stets nach vorn gerichtet sein, selbst wenn wir mit den Gedanken hin und wieder in der Vergangenheit festhängen.

Vergiss nie, was war!

Sei glücklich über das Erlebte!

Zieh die wichtigsten Lektionen daraus!

Und setz es so ein, dass du die Gegenwart besser gestalten und eine noch erfolgsversprechendere Zukunft sichern kannst.

Kapitel 9:
Die Kirsche auf der
Sahnetorte

Wer liebt sie nicht, die Kirsche auf der Sahnetorte? Sie gibt dem Kuchen das gewisse Etwas. Ohne die Kirsche würde der Kuchen nicht anders schmecken, aber anders wahrgenommen werden.

Man kann das Leben auch ohne das gewisse Etwas führen und eventuell glücklich werden. Doch warum sollte man nicht dem Leben eine Kirsche aufsetzen, um das Leben noch schmackhafter zu gestalten?

83 HAPPY WIFE, HAPPY LIFE

Es gibt im Leben eine Handvoll Dinge, die dich stützen.
Dinge, ohne die du einfach nicht könntest.
Dinge, ohne die du vielleicht nicht einmal sein könntest.
Falls eines von ihnen wegfallen sollte, besteht die große Gefahr, dass du in dich zusammenbrichst, dass du alles andere als ein glückliches Leben fortführen kannst, im schlimmsten Fall, dass du nicht einmal weiterleben könntest.
Das klingt dramatisch? Ist es auch.
Stell dir ein Gebäude vor, das auf mehreren Säulen gebaut wurde. Das Gebäude steht also in der Luft, und die einzigen Berührungspunkte zum Boden sind einige wenige Grundsäulen. Auf diesen Grundsäulen ist seine ganze Existenz aufgebaut.
Was würde passieren, wenn eine dieser Grundsäulen, auf denen das Gebäude ruht, verletzt wird?
Was würde passieren, wenn man dem Gebäude eine seiner Grundsäulen wegnehmen würde?
Könnte das Gebäude normal weiter bestehen? Oder würde es eventuell zusammenbrechen?
Es würde zusammenbrechen.
Keine Frage.
Genauso kannst du dir dein eigenes Leben vorstellen. Deine eigene Existenz. Auch sie basiert auf einigen wenigen Grundsäulen, ohne die du entweder nicht wärst oder kein normales, geschweige denn glückliches Leben führen könntest. Eine dieser Grundsäulen stellen deine Eltern und die Liebe und Sicherheit, die sie dir insbesondere in deinen Kinderjahren geben, dar.
Eine weitere Grundsäule ist dein Gesundheitszustand. Bist du gesund, dann kannst du rennen, fleißig sein, dich um Familie und Beruf kümmern, atmen. Hast du aber eine schwere Krankheit oder trägst eine schwere Verletzung mit dir herum, wirst du zwar auch atmen können, aber dein Hauptfokus wird auf deiner Gesundheit liegen und nicht auf deiner Familie und deinem Beruf. Es wird schwieriger werden, ein normales und glückliches Leben zu führen. Gesundheit spielt somit auch eine sehr zentrale Rolle in deinem Leben. Eine ganz feste Säule, auf die du immer achtgeben solltest.

Eine weitere sehr zentrale Säule, um die es in diesem Abschnitt geht, ist deine Partnerin.

Deine Freundin während der Jugend.

Deine Freundin als Heranwachsender, als Student, als Soldat.

Schließlich, deine Ehefrau.

Ich hatte in der Hinsicht großes Glück im Leben. Ich verdanke meinen Partnerinnen nämlich sehr viel. Insbesondere zwei Partnerinnen sollte ich dabei hervorheben. Zum einen meine mehrjährige deutsch-kroatische Jugendfreundin in Berlin, die mir immer zur Seite gestanden hat, mit Rat, Liebe und Zuneigung. Zum anderen meine Ehefrau und Mutter meiner Kinder Liel, die mich jetzt schon seit 15 Jahren begleitet und vom ersten Moment unserer Beziehung bis zum heutigen Tag eine extrem wichtige Stütze für mich darstellt.

Dank meiner Jugendfreundin habe ich die Zeit auf der Straße überlebt, das Abitur geschafft und verstanden, dass es einen Tag danach geben wird.

Dank meiner Ehefrau habe ich die Kraft und Ausdauer, mich neben den vielen Alltagsverantwortungen, wie Beruf, Kinder und Rechnungen, auch auf meine publizistischen Tätigkeiten zu konzentrieren.

Aus mir wäre nichts geworden, wären diese zwei Frauen nicht in mein Leben getreten, um eine sehr zentrale Säule für mich und meinen Erfolg zu sein.

Ich verdanke ihnen fast alles.

Es ist deshalb umso wichtiger, die Beziehung zu deiner Partnerin, die eine Grundsäule in deinem Leben spielt, ob du es willst oder nicht, in einem sehr positiven Zustand zu halten. Wenn deine Partnerin zufrieden und glücklich ist, dann wird sie dir als eine noch stabilere Säule zur Seite stehen. Sie ist dein Hauptpartner im Leben. Ihre Stütze ist enorm wichtig. Sie wird dir in guten wie in schlechten Zeiten zur Seite stehen, wenn du gut zu ihr bist.

Bist du es aber nicht, kann und wird die Beziehung sehr schnell einen unangenehmen Verlauf nehmen. Sie wird dir dann nicht mehr als Säule zur Verfügung stehen. Nicht nur das, ihre Enttäuschung wird sich bemerkbar machen wie eine Säule unter einem Gebäude, die anfängt, kaputtzugehen.

So wie das Gebäude langsam, aber sicher fallen würde, so wirst du fallen.

Du wirst fallen, falls deine Partnerin beziehungsweise Ehefrau unzufrieden sein sollte.

Tue alles in deiner Macht Stehende, um sie glücklich zu machen. Es wird sich auszahlen.

Sie wird es dir doppelt und dreifach zurückgeben.

84 RELATIV VERSUS ABSOLUT

Wir leben in einer Zeit, in der alles greifbar zu sein scheint. Wir haben heutzutage einen sehr leichten Zugang zu Informationen über alles und fast jeden.

Wir können sowohl extremen Reichtum als auch extreme Armut beobachten.

Alles ist über das Internet, internationale Medien und die sozialen Netzwerke jederzeit nachvollziehbar und lieferbar.

Du musst zum Einkaufen nicht einmal mehr einen Fuß vor die Haustür setzen.

Wer hätte das vor wenigen Jahrzehnten vorhersehen können? Niemand.

Alles war während meiner Kindheit in den 1980ern so weit weg. Auslandsanrufe waren teuer. Google und Wikipedia gab es noch nicht, um sich kurzerhand über etwas Informationen einzuholen. Und wer wusste schon, was in China, Indien oder Argentinien so los ist? Wir lebten irgendwie alle wie in einem Dorf. Selbst in der Großstadt war es verglichen mit heute wie in einem kleinen Dorf.

Plötzlich ist alles greifbar.

Alles kannst du online sehen und kaufen.

Du kannst jetzt Freunde in allen Ecken der Welt haben. Auch das, ohne einen Fuß vor die Haustür setzen zu müssen.

Es ist irgendwie abgefahren. Aber so ist es nun mal und wer weiß, was noch so auf uns zukommen wird. Alles wird, wie gesagt, immer schneller.

In dieser Realität befinden wir uns somit nicht mehr nur unter wenigen Leuten in unserer kleinen Nachbarschaft, sondern nehmen uns als Teil von etwas viel Größerem wahr.

Die Welt liegt uns zu Füßen.

Wir sehen, wenn wir wollen, was in anderen Ländern passiert. Wo es wärmer ist. Wo es bunter ist. Wo man unterdrückt wird.

Vielleicht wusste man das auch vor 50 Jahren, zumindest oberflächlich, wenn man am Weltgeschehen interessiert war. Der Zugang beziehungsweise Einblick war jedoch so viel schwieriger. Heute kann sich ein 10-Jähriger über alles ein Bild machen. Er braucht dafür weder eine Ausbildung noch sehr viel Geld.

So leben wir plötzlich in einer Realität, in der wir uns nicht mehr nur mit unseren wenigen Mitbewohnern vergleichen, sondern mit Hunderten Menschen, die wir teilweise wirklich kennen, teilweise aber nur über die sozialen Netzwerke verfolgen und »kennen«.

Einen Wettbewerb zwischen Menschen und Ländern gab es schon immer. Durch unsere »Globales Dorf«-Realität erreicht der Wettbewerb jedoch unser aller Wohnzimmer.

Ein aktuell gutes Beispiel dafür ist der Kampf gegen die Covid-19-Pandemie und die darauffolgende Impfpolitik der verschiedenen Staaten. Hast du die Performance Deutschlands etwa nicht mit anderen Staaten verglichen? Welches Land befindet sich derzeit im Lockdown? Wo sind die Bars und Restaurants schon offen? In welchem Land können Kinder schon in die Schule? Wo herrscht Maskenpflicht?

Selbstverständlich hast du verglichen, und ich habe das auch getan. Dieses Land und jenes Land; diese Regierung und jene Regierung; das Schicksal der Menschen dort und das Schicksal der Menschen hier.

Das ist menschlich.

Auch Neid, falls es woanders besser laufen sollte, ist menschlich.

Man vergleicht sich halt.

Immer und überall.

Sich mit anderen zu vergleichen, empfinde ich daher als etwas Gesundes und vollkommen Normales. Jedoch sollte ein gewisser Punkt nicht überschritten werden. Man sollte niemals ausblenden, unter welchen Umständen man aufgewachsen ist und sich dementsprechend fair vergleichen, wenn man schon Vergleiche anstellen möchte.

Jede positive Entwicklung sollte als Gewinn betrachtet werden, auch wenn andere reicher sind und ein größeres Auto fahren.

Und ja, es wird immer jemanden geben, der reicher sein wird. Das bedeutet aber nicht automatisch, dass er glücklicher ist als du.

Nicht selten wissen nämlich Menschen mit Reichtum nicht gut mit ihrem finanziellen Glück umzugehen und versinken in Depressionen, werden drogenabhängig und sterben früh.

Dir muss in erster Linie wichtig sein, eine eigene positive Entwicklung durchzumachen. Dein eigener Fortschritt ist das, was zählt. Unabhängig von anderen gleichzeitig laufenden Entwicklungen deines Umfeldes.

Du kannst dich selbstverständlich im Laufe deiner eigenen Entwicklung mit anderen vergleichen. Es ist schließlich kaum möglich, nicht nach rechts und links zu schauen. Doch solltest du deine eigenen Errungenschaften als etwas Absolutes betrachten und sie nicht immer gleich relativieren.

Wenn du alles, was du machst, als etwas Relatives betrachtest, dann läufst du Gefahr, zu verzweifeln. Warum? Weil du in einer Realität, in der wie gesagt alles leicht greifbar ist, sehr schnell feststellen wirst, dass jemand anderes eventuell etwas Ähnliches wie du besser, schneller und mit noch mehr Erfolg auf die Beine gestellt hat, und dich das nerven könnte.

Sollte es aber nicht.

Genau das ist der Punkt dieses Abschnitts, dieser Weisheit.

Vergleiche dich, ja. Aber relativiere nicht alles, was du machst und wofür du stehst.

Die Kirsche auf der Sahnetorte ist dein ganz persönlicher Fortschritt, auf den du hinarbeitest.

Das, was du dir mit deinen eigenen Händen erarbeitest und aufbaust.

Das ist (fast) alles, was zählt.

85 ALLTAG MIT ABWECHSLUNG

Niemand wünscht sich ein langweiliges Leben.
Wir wollen erfahren, erleben, das Leben leben.
Lachen, kennenlernen, uns verlieben, feiern, reisen.
Sehen, riechen, fühlen.
Ja, das alles und so viel mehr, das wollen wir. Wir alle.
Wir Menschen.
Der Alltag kann jedoch ziemlich lästig und deprimierend sein.
Verantwortung und Verpflichtungen überschlagen sich. Wo
bleibt einem dann noch die Zeit zum Erfahren und Erleben?
Unsere Tage auf dieser Erde sind schließlich begrenzt.

Ich glaube, ich habe die perfekte Lösung dafür, einerseits ein
langweiliges Leben zu vermeiden und andererseits in relativ kurzer Zeit viel auf die Beine zu stellen.
Wie das geht?
Indem man Dinge einfach parallel angeht. Statt sich zu jedem
gegebenen Zeitpunkt auf »nur« eine Sache zu konzentrieren,
nimmt man es mit mindestens zwei Herausforderungen gleichzeitig auf.

Warum »nur« eine Fremdsprache lernen, wenn man die Mög-
lichkeit hat, zwei zu lernen?

Warum »nur« ein Musikinstrument spielen lernen, wenn man
die Gelegenheit hat, zwei zu erlernen?

Warum »nur« ein Fach an der Uni belegen, wenn man zwei
belegen könnte?

Warum einen Teilzeitjob machen, wenn man zwei, drei oder
vielleicht sogar vier Teilzeitjobs gleichzeitig in seinen Alltag ein-
bauen könnte?
Zeit ist Geld.
Zeit hat ein Limit.
Warum also »nur« eins nach dem anderen, statt alles gleichzei-
tig tun?
Wenn man in der Lage ist, seine Zeit gut aufzuteilen, dann
kann man für alles genug Zeit finden.
Ich bin der beste Beweis dafür.
Als Jugendlicher bin ich sowohl mit Weddinger Gangs, wie
den Black Panthers und den Kolonie Boys, als auch mit meiner

Graffitibande Berlin Crime unterwegs gewesen. Das eine hatte kaum etwas mit dem anderen zu tun. Wer sich mit der Gangszene auskennt, weiß, was für verschiedene Welten das waren.

Schon an der Freien Universität in Berlin besuchte ich knapp ein Dutzend verschiedene Fächer, obwohl ich in den meisten nicht einmal eingeschrieben war. Diesen Trend setzte ich dann an der Hebräischen Universität fort, denn auch dort studierte ich in mehreren Disziplinen gleichzeitig.

Neben dem Studium arbeitete ich nicht in einem oder zwei Teilzeitjobs, sondern mit der Zeit in neun Teilzeitjobs. Es kam nicht selten vor, dass ich an einem Tag alle paar Stunden von Job zu Job hetzen musste und irgendwann im Laufe des Tages für einen Unterricht an die Uni musste. Alles an einem Tag. Eins nach dem anderen. Ich hatte keine freie Minute. Langweilig war mir definitiv nicht.

Ähnlich erging es mir im Laufe der Jahre mit dem Erlernen von Sprachen. Wenn ich schon Französisch kann, warum nicht auch gleich Spanisch hinterher, wenn sich die Gelegenheit bietet? Und Portugiesisch? Italienisch?

Heute arbeite ich in der israelischen Regierung und habe zwei Büros, eins in Jerusalem und eins in Tel Aviv. Diese zwei Städte sind so unterschiedlich, wie sie kaum unterschiedlicher sein könnten, dass das Pendeln zwischen den Büros mir schon fast das Gefühl gibt, ich hätte zwei Jobs. Auch wenn ich dasselbe mache, ist das Ambiente, das Wetter, der Weg zum Büro ein total anderer und das bereichert mich.

Jetzt kommt hinzu, dass ich beruflich nichts mit Deutschland zu tun habe, aber privat nur auf Deutsch schreibe und veröffentliche. Ob auf Facebook, Twitter, Gastbeiträge in Zeitungen oder Bücher, ich liebe es, auf Deutsch zu schreiben. Ich führe somit zwei parallel laufende Karrieren, die eine als Regierungsmitarbeiter, die andere als Publizist und Schriftsteller. Warum nicht, wenn es mir Spaß macht und das eine dem anderen nicht im Wege steht? Warum sich »nur« auf eine Karriere festlegen?

Selbst mit meinem Sohn variiere ich. Am selben Wochenende spielen wir sowohl Basketball als auch Fußball und nach der Dusche starten wir in der Regel ein großes Schachturnier auf der Wohnzimmercouch.

Warum sich auf eine Sache beschränken, wenn man vieles machen kann?

Abwechslung bereichert dein Leben enorm.

Je abwechslungsreicher dein Alltag ist, desto erfüllter wirst du vom Leben sein.

86 Hobbys

Wir wollen ein normales Leben führen und glücklich sein.
Wenn wir es schaffen, auch noch erfolgreich zu sein, dann umso besser.
Das ist keine übertriebene Forderung an uns selbst.
Es klingt eigentlich eher nach einer minimalen Forderung und nicht mehr.
Machbar sollte es also sein.
Viele wichtige Punkte habe ich dir bis jetzt schon empfohlen.
Was ich jedoch weniger angesprochen und thematisiert habe, ist die Planung in die Zukunft. Wir sind ja so sehr beschäftigt mit dem Heute und Jetzt, dass wir sehr wenig mit Blick in die Zukunft planen. Also vorausschauend. Das Leben zu meistern, bezieht sich schließlich nicht auf einen kurzen Zeitraum, sondern sollte ein Langzeitziel sein.
Wie du gemerkt hast, sind die letzten Jahre ziemlich schnell vorübergegangen. So wird es auch in Zukunft sein. Die Jahre vergehen, und ehe du dich umsiehst, kratzt du schon am Rentenalter.
Natürlich wollen wir alle unser glückliches Leben als Rentner fortsetzen. Was braucht es dafür?
Wenn möglich ein Haus mit Garten?
Eine stabile Rente, die pünktlich überwiesen wird?
Einmal im Jahr eine zehntägige Schifffahrt?
Ja. Absolut.
Das Problem ist: Was macht man die restlichen 355 Tage im Jahr?
Meine Eltern sind seit einigen Jahren Rentner. Sie haben all das, was ich oben angesprochen habe, außer dass sie statt Haus und Garten eine Wohnung mit Terrasse besitzen.
Was ihnen fehlt, ist eine Beschäftigung. Zu allem Übel haben sie auch keine Hobbys. Im Laufe ihres 40-jährigen Aufenthaltes in Deutschland haben sie sich um Arbeit, Kinder, Rechnungen gekümmert. Was sie vernachlässigt haben, ist, ihren Hobbys aus der Jugend nachzugehen.
Einmal die Woche schwimmen gehen.
Hin und wieder mal ein schönes Bild malen.

Museen und Theateraufführungen besuchen.

Grillen. Picknicken. Fitness. Freunde treffen.

Hobbys.

Wir alle haben Hobbys.

Hast du Hobbys? Aber sicher doch.

Meine Eltern haben leider keine Hobbys.

Und genau hier liegt das Problem. Sie wissen kaum etwas mit sich anzufangen. Jeder Tag ist wie der andere. Das größte Erlebnis für sie ist, wenn ihre Kinder und Enkelkinder sie am Wochenende für ein paar Stunden besuchen kommen.

Ansonsten, gähnende Leere.

Null Beschäftigung.

Kaum etwas, wofür es sich lohnt, morgens aufzustehen.

Ein Tag ist wie der andere.

Montag, wie Mittwoch, wie Donnerstag.

Mich macht das trauriger als meine Eltern selbst. Ich versuche sie verzweifelt für irgendwelche Aktivitäten zu gewinnen. Sie zu überreden, dass sie doch malen, schwimmen und ihre Woche mit Programm füllen könnten. Doch jeglicher Versuch scheint zum Scheitern verurteilt zu sein. Ich rede gegen die Wand. Sie sind es einfach nicht mehr gewohnt, irgendein Hobby zu haben. All die Jahre in Deutschland ging es immer nur ums finanzielle Überleben und die Kindererziehung.

Im Alter von 70 sind sie einfach nicht mehr bereit, irgendetwas groß zu verändern.

Ich beobachte und lerne!

Mit etwas Glück werde ich nämlich auch eines Tages Rentner.

Im Gegensatz zu meinen Eltern will ich aber ein Rentner mit vollem Programm sein.

Ich will beschäftigt sein und ich will Hobbys haben, die mir Spaß machen und die meinem Leben eine zusätzliche Bedeutung geben.

Etwas, wofür es sich jeden Morgen lohnt, wieder und wieder aufzustehen und motiviert in den Tag zu starten.

Im Laufe des Lebens probieren wir viel aus. Hobbys, wie so vieles im Leben, können für einen gewissen Zeitraum kommen und dann wieder gehen. Nur eine ganz kleine Anzahl von Hobbys begleiten dich eventuell dein gesamtes Leben.

In meinem Fall zieht sich ein Hobby wie ein Faden durch mein Leben. Am Anfang konnte ich nicht ahnen, dass mehr dahintersteckt. Es nahm in der 6. Klasse seinen Anfang. In nur zwei Fächern stach ich damals hervor: Sport und Schönschrift. Gut, dass ich während meiner Kindheit ein großer Fußballfreak war, sollte dir nicht entgangen sein. Sport war das Einzige, das mir wirklich Spaß machte. Das machte sich in der Zensur bemerkbar. Ansonsten war ich relativ talentfrei, außer: Ich konnte schön schreiben. In meinem Abschlusszeugnis von der Grundschule erhielt ich im Fach Schönschrift eine glatte Eins. Buchstaben schön zu schreiben, machte mir Spaß, und aus Schönschrift im Heft wurde kurze Zeit später Graffiti an der Wand, im Bus, auf öffentlichen Toiletten. Eigentlich jede Fläche, die ich mit meinem Schriftzug versehen konnte.

Ich wurde zum Writer. Tagger. Sprüher. Schmierer. Bomber.

Anstelle des täglichen Fußballspielens trat das »Writen« in mein Leben.

Ich liebte es.

Die vielen Farben. Verschiedenen Schriftarten. Hintergründe. Der Geruch. Der Sound, wenn ich aufs Fatcap drückte.

Es ist nahezu unmöglich, die Liebe zwischen einem Writer und seiner Sprühdose in Worte zu fassen.

Das Sprühen wurde zu meiner Lieblingsbeschäftigung. Es erfüllte mein Leben.

Mit meinem Umzug nach Israel verabschiedete ich mich vom Sprühen und verliebte mich Hals über Kopf in eine neue Art des Schreibens. Mir bereitete es große Freude, meine Gedanken und Erfahrungen aufzuschreiben. In Sätzen. In Kapiteln. In Büchern.

Ein neues Hobby war geboren.

Seitdem schreibe ich, wann und wo ich nur kann. So wurde aus Schönschrift Graffiti und aus Graffiti wurden Bücher.

Erkennst du den Faden?

Ein Traumhobby.

Warum? Weil ich es problemlos bis ans Ende meines Lebens machen kann. Niemand wird es mir wegnehmen können. Solange mein Gesundheitszustand es zulassen wird, werde ich schreiben.

Bücher. Zeitungsartikel. Facebook. Twitter. Neue Plattformen, die uns noch bevorstehen.

Ich habe somit vorausschauend ausgesorgt und muss mir keine Sorgen um meinen Alltag als Rentner machen.

Das beruhigt und stärkt das Selbstbewusstsein.

Hobbys sind jedoch keinesfalls nur mit Blick in die Zukunft wichtig, sondern sie sind es zu jedem Zeitpunkt in deinem Leben. Du brauchst ein Hobby, das dich auch im Laufe der Woche ein wenig ablenkt. Stress auf der Arbeit, Kinder pünktlich vom Kindergarten abholen, Auto zur Autowerkstatt bringen, weil wieder etwas nicht stimmt, und so weiter und so fort. Du brauchst ein Hobby, um den Kopf frei zu bekommen. Du brauchst ein Hobby, das dir Spaß macht. Es kann zu einem deiner wenigen Rückzugsgebiete werden.

Das darfst du unter gar keinen Umständen, wie meine Eltern, auf die leichte Schulter nehmen.

Die Kirsche auf der Sahnetorte ist ein Hobby, das dir nicht nur heute Abwechslung und Spaß bereitet, sondern dir auch im Rentenalter das Leben mit noch ein wenig mehr Sinn füllen wird.

87 EIN KULINARISCH BUNTES LEBEN

Wir wollen das Leben genießen! Zumindest das Beste daraus machen. Eintönigkeit ist passé. Heute ist Abwechslung gefragt. Abwechslung, um mit dem täglichen Stress, der täglichen Verantwortung besser zurechtzukommen. Niemand von uns wurde mit ausreichend Wissen und Können geboren, um all die Herausforderungen problemlos zu stemmen. Es braucht viel Erfahrung und noch mehr Geduld, um im Leben wirklich stabil auf den Beinen zu stehen.

Was wir manchmal unterschätzen, ist, wie sehr uns »Kirschen auf der Sahnetorte« gut tun. »Kirschen«, die uns das Leben, im wahrsten Sinne des Wortes, schmackhaft machen.

Eine dieser »Kirschen« stellt für mich eine bunte, exotische und schmackhafte Küche dar.

Der Anblick, der Geruch, der Geschmack von interessanten Mahlzeiten aus aller Welt, ist eine meiner »Kirschen« im Leben.

Es tut mir unwahrscheinlich gut, nicht eintönig zu essen, sondern fast jeden Tag eine Art Mini-Abenteuer einzugehen, indem ich verschiedene Rezepte ausprobiere und mich so kulinarisch, man könnte sagen, weiterentwickle.

Jede Küche bringt schließlich seine ganz eigene Kultur, Sprache, Zutaten, Farben, Gerüche mit sich.

Als ob man für kurze Zeit woanders sein würde.

Was für eine schöne Auszeit mitten am Tag!

Stell dir vor, du sitzt in einem japanischen Restaurant, in dem japanische Musik gespielt wird, japanische Bilder an den Wänden hängen und du Sushi isst. Die ganze Atmosphäre nimmt dich mit auf eine Reise in den fernen Osten.

Oder stell dir vor, du sitzt beim Inder, mit indischen Gerüchen und Farben. Wie aufregend. Wie exotisch.

Genauso oder ähnlich ist es mit allen Küchen der Welt. Es gibt so viel zu entdecken und so viel auszuprobieren.

Es ist eine leckere Abwechslung, die dein Leben nur bereichern wird.

Das mit dem Essen geht mir wirklich sehr nahe, weil ich multikulturell und somit multikulinarisch aufgewachsen bin. Auf den Straßen Berlins aß ich entweder gerne Currywurst mit Pommes oder Döner. Das waren die zwei Hauptkulturen, mit denen ich in Berlin konfrontiert wurde. Hinzu kam, dass ich zu Hause mit persischen Gerichten verwöhnt wurde. Ohne zu experimentieren, bin ich also schon als kleiner Junge mit mindestens drei verschiedenen Küchen aufgewachsen.

Schon als Jugendlicher entdeckte ich dann auch die indische, chinesische, mexikanische und viele andere Küchen, die mein Leben bereichert haben.

Ich war nicht umsonst immer ein wenig übergewichtig, aber was wäre das Leben ohne leckere Mahlzeiten?

Es geht beim gut Essen im Endeffekt nicht nur darum, den Magen zu füllen, sondern manchmal sogar vorwiegend darum, das Auge, das Herz und die Seele zu befriedigen.

Sie essen alle mit!

Gönn deinem Körper und deiner Seele diese kulinarisch bunte »Kirsche«.

Schnell wirst du merken, was für einen positiven Einfluss sie auf dein Leben haben wird.

88 Sei stolz auf etwas – immer wieder

Worauf kommt es im Leben an?
Ein gutes Gehalt? Gesundheit? Leckere Küche?
Ich nehme an, dass wir uns in diesen und vielen anderen Punkten einig sind.

Was meiner Meinung nach jedoch auch sehr wichtig ist, ist dein ganz persönliches Selbstwertgefühl in diesem Leben.

Um ein glückliches Leben führen zu können, brauchst du ein starkes Selbstwertgefühl, dass du unter anderem entwickeln kannst, indem du stolz auf dich und deine Errungenschaften bist.

Du musst stolz sein auf etwas.

Immer wieder.

Als Schüler kannst du zum Beispiel stolz auf gute Noten sein. Ich hatte kaum gute Noten und war deshalb gezwungen, mein Selbstwertgefühl außerhalb der Schule zu stärken. Ich tat das dann beim Sport. Beim Sport kannst du nämlich stolz darauf sein, wenn du ein herausragender Fußballspieler bist und alle dich dafür loben.

Als Jugendlicher ging die Pleite in Sachen Schulnoten weiter, so musste ich mich wieder draußen, auf den Straßen, umschauen. Harte Jungs waren stolz darauf, harte Jungs zu sein. Bandenmitglieder einer Gang waren stolz darauf, Bandenmitglieder einer Gang zu sein. Familienangehörige einer arabischen Großfamilie waren stolz darauf, denselben Familiennamen zu tragen. Selbst wenn man auf dem Weg in den Knast war, gerade seine Strafe im Knast absaß oder frisch aus dem Knast raus war – man war stolz darauf.

Im Wedding waren alle Jugendlichen stolz auf alle möglichen, teils absurden Dinge, wie ihren Familiennamen, ihre Religion, ihre Sprache, ihren Fußballclub und die Flagge des Landes, aus dem ihre Eltern stammten. Hauptsache man hatte etwas, worauf man stolz sein konnte.

Und worauf war ich als Jugendlicher stolz?

Ich war jedes Mal stolz darauf, wenn ich einen Fatcaptag an einer großen Kreuzung platzieren konnte. Das hat mein Ego enorm gestreichelt. Als einer von zwei Gründungsmitgliedern der größten Graffitibande Deutschlands, Berlin Crime, brach mein Selbstwertgefühl dann zum ersten Mal durch alle Decken. Endlich konnte ich so richtig stolz auf etwas sein.

Meine eigene Gang.

Meine Gang. Meine Jungs. Mein Stolz!

Ich habe es für dringend notwendig gehalten, auf etwas stolz zu sein. Höchstwahrscheinlich, um mich nicht überflüssig und nutzlos zu fühlen. Wer will sich schon überflüssig fühlen? Berlin Crime hat mir Sinn im Leben gegeben. Zumindest aus der Sicht eines Jugendlichen von der Straße.

Was hatte ich denn sonst, worauf ich hätte stolz sein können?

Eigentlich gab es eher Dinge, wofür ich mich hätte schämen müssen.

Ich fühlte mich über weite Strecken wie ein Versager.

Ein Nichtsnutz. Der letzte Dreck. Abschaum. Wer oder was würde mich in diesem Leben überhaupt brauchen?

Diese Gedanken taten weh.

Sie hatten Einfluss auf mein Selbstwertgefühl.

Dank Berlin Crime und der Unterstützung meiner damaligen Freundin stärkte ich mein Selbstwertgefühl und habe es seitdem nie wieder so weit kommen lassen, dass ich mich wieder wie ein Versager fühlen muss. Ich weiß, wie es sich anfühlt, sich als Nichtsnutz zu fühlen.

Ich will nie wieder dahin zurück!

Man kann auf so viel stolz sein im Leben, wenn man runterschraubt und den wirklich wichtigen Dingen im Leben Beachtung schenkt.

Heute bin ich zum Beispiel stolz darauf, wenn ich mich in verschiedenen Sprachen mit fremden Menschen unterhalten kann.

Bin stolz darauf, wenn ich meiner Frau Blumen mitbringe.

Und bin stolz darauf, dass ich ein fast stinknormales Leben führe.

Das reicht vollkommen aus. Mehr Kirschen braucht es auf der Sahnetorte nicht. Alles darüber hinaus ist ein Bonus.

89 FREU DICH AUF ETWAS – TÄGLICH

Während meiner Jugendjahre machte ich die Nacht oft zum Tag. Nicht selten wartete ich ab, bis meine Eltern abends in ihr Schlafzimmer gingen und schlich mich aus dem Haus. Ich lag also schon angezogen unter der Decke und wartete.

Manchmal stundenlang.

Als die Luft irgendwann endlich rein wurde, ging ich raus, steckte mir mindestens zwei Sprühdosen in die Jackeninnentasche. Mein Ziel war, meinen Namen an die Wand zu bringen. Für einen gewissen Zeitpunkt war das mein Ein und Alles im Leben.

Das Aufregende dabei war nämlich zum einen der nächtliche Kick, an der Polizei vorbei zentrale Wände zu beschriften, zum anderen aber am darauffolgenden Tag mein Werk begutachten zu gehen. Es war der unangefochtene Höhepunkt meiner Graffitikarriere, wenn ich meinen Döner nach der Schule gegenüber von einem frischen riesigen Bombing oder Fatcaptag von mir genießen konnte.

So schlief ich manchmal nur wenige Stunden, ging das Risiko ein, von der Polizei erwischt zu werden und schlenderte nachts allein wie ein Penner in irgendwelchen teils entfernten Gegenden herum, um zu sprühen. Das alles war es wert für mich, denn auf dem Weg nach Hause, nach erfolgreicher Platzierung meines Tags, in den Morgenstunden vor und während der Schule und insbesondere nach der Schule auf dem Weg zum Tatort war ich voller Vorfreude auf den Moment, an dem ich meinem Werk gegenüberstehen würde.

Ein Mann und sein Werk.

Eine aufregende Situation, auf die ich mich enorm gefreut habe.

Wie ein richtiger Maler, der zum ersten Mal vor seinem eigenen Kunstwerk steht.

Wie ein Schriftsteller, der zum ersten Mal sein neues Buch in der Hand hält.

Wie ein Sportler, der die Goldmedaille überreicht bekommt.

So fühlte ich mich.

Die Vorfreude war enorm.

Meine Jugendjahre waren teilweise ein Kampf ums Überleben und teilweise ein Kampf gegen die Verzweiflung.

Ich hatte viele Ängste, Sorgen und Probleme.

Doch meinen Namen an der Wand zu sehen, bereitete mir Freude und stärkte auf absurde Weise mein Selbstwertgefühl und gab mir Sinn im Leben.

Seitdem versuche ich mich immer auf irgendetwas zu freuen. Ganz gleich auf was, die Hauptsache ist, sich auf etwas zu freuen. So arbeite ich tatsächlich hart daran, mich täglich auf etwas, das ansteht, freuen zu können. Es steht manchmal nur an, weil ich es in die Wege leite, um mich darauf zu freuen. Genauso wie damals mit dem Sprühen.

Greif deinem Glück ruhig ein wenig unter die Arme.

Von nichts kommt halt nichts.

Worauf freue ich mich also?

Immer wieder auf leckere Mahlzeiten, Live-Übertragungen von wichtigen Fußballspielen, Ausflüge mit meiner Familie, Kino- oder Theaterbesuche mit meiner Frau und so viel mehr.

In einer Realität, in der alles verdammt schnell geht und der Alltag voller Herausforderungen ist, ist es mehr als ratsam, dass du dich auch auf Dinge freuen kannst.

Täglich.

Dein Leben wird ausgewogener sein.

Dein Leben wird erträglicher sein.

Dein Leben wird Spaß machen!

90 FREIHEIT

Wir leben in Freiheit.

Das ist für die meisten von uns der Normalzustand.

Die meisten von uns wurden in eine freie Realität hineingeboren. Hin und wieder sehen wir Dokumentationen über die Zeit des Zweiten Weltkrieges und Nazi-Deutschlands. Hin und wieder kommt es vor, dass wir ehemalige Bewohner der DDR erzählen hören, wie das Leben vor der Wiedervereinigung war. Wir sehen Gestapo und hören Stasi und sind schockiert, dass das Leben einmal, vor gar nicht mal allzu langer Zeit, alles andere als frei war.

Es fällt schwer, uns in die Lebenssituation verfolgter Juden, Sinti oder Homosexueller im Laufe des Dritten Reiches hineinzuversetzen. Oder wie man in der DDR von jedem beobachtet und hätte verraten werden können. Unmenschliche Lebensrealitäten, die zum Glück heute nicht mehr aktuell sind. Und weil sie nicht mehr aktuell sind, beschäftigt es uns kaum. Wir nehmen die Bilder aus der Vergangenheit zwar wahr, aber die wenigsten von uns beschäftigt es wirklich.

Warum sollten gruselige Bilder und Geschichten aus der Vergangenheit Deutschlands oder der Welt uns auch beschäftigen?

Ganz einfach, weil wir manchmal unser freies Leben nicht ausreichend zu schätzen wissen.

So wie Männer im Alter von 50 nicht immer zu schätzen wissen, dass sie dichtes Haar auf dem Kopf haben, während mir das Haar schon in den Zwanzigern ausgefallen ist.

So wie wir es als vollkommen normal betrachten, dass wir täglich drei Mahlzeiten einnehmen, während es Gegenden auf der Welt gibt, in denen Menschen hungern. Ihr ganzes Leben hungern.

Ich verstehe das, weil auch ich mein freies Leben als Kind als vollkommen normal empfand. Ohne Fragezeichen. Freiheit war für mich keine Sache, die außergewöhnlich ist oder für die ich hätte kämpfen müssen. Doch gibt es unter uns Tausende, die Freiheit eben nicht oder nicht mehr als Normalzustand betrachten. Das sind zum einen viele Freunde von mir – unter ihnen mein bester Freund Sebie –, die seit ihrer Jugend fast durchgängig hinter Gittern saßen oder sitzen.

Wie in einem Käfig.

Sie können nicht mehr unabhängig über sich und ihren Tagesablauf entscheiden. Größtenteils haben sie das selbst verschuldet. Nicht selten jedoch gerät man leider auch in Situationen, aus denen man keinen positiven Ausweg findet.

Auch mich hätte es erwischen können.

Genau wie Sebie und Dutzende Freunde und Bekannte, mit denen ich meine Jugend verbracht habe. Sie hatten weniger Glück als ich und keine Freundin, die wie in meinem Fall alles daran gesetzt hat, dass ich nicht untergehe und ich daran glaube, dass es einen Tag danach geben wird.

Zum anderen sind das Tausende Migranten, die aus Kriegsgebieten geflohen sind und sich in Deutschland niedergelassen haben. Sie haben Mord und Todschlag entweder mit eigenen Augen gesehen und konnten danach fliehen, oder sie haben es geschafft, den Ort vor scheußlichen Taten zu verlassen.

So oder so haben diese Menschen erlebt, was es heißt, wenn du dir deines und des Lebens deiner Liebsten nicht mehr sicher sein kannst.

Was es heißt, dass Frauen aus deinem Bekanntenkreis eventuell als Sklavinnen auf dem Markt verkauft werden und täglich vergewaltigt und gedemütigt werden.

Was es mit dir macht, wenn deine Stadt von Verrückten übernommen wird und Menschen öffentlich hingerichtet werden, wenn sie sich dagegen zur Wehr setzen.

Das ist alles, nur keine Freiheit.

Selbst wenn du wie ich unter schweren Verhältnissen aufgewachsen bist und dich wie der letzte Abschaum der Gesellschaft fühlst, bist du zumindest ein freier Mann.

Wisse das zu schätzen!

So viele andere Menschen auf der Welt haben dieses aus deiner Sicht »normale« Privileg nicht.

Wisse es zu schätzen und gefährde es nicht.

Für kein unnötiges Abenteuer!

Für kein schnelles Geld!

Für nichts auf dieser Welt!

Freiheit ist die allerwichtigste »Kirsche auf der Sahnetorte«.

KAPITEL 10:
GENERALSCHLÜSSEL

In diesem letzten Kapitel, dem ich den pompösen Namen »Generalschlüssel« gegeben habe, will ich auf – zumindest meiner Meinung nach – zehn zentrale Weisheiten im Leben eingehen, die für jeden Menschen gelten, ganz gleich unter welchen Verhältnissen er oder sie aufgewachsen ist, was er oder sie heute im Leben macht, selbst unabhängig davon, ob er reich oder arm ist.

Ich hätte das vorliegende Werk mit ihnen beginnen können, um eine gute Grundlage zu schaffen, habe mich jedoch dazu entschieden, das Buch mit diesen wichtigen Punkten abzurunden.

Die folgenden zehn Weisheiten sind meine »Zehn Gebote«, um das Leben wirklich meistern zu können und glücklich zu werden.

91 SEI EIN OPTIMIST!

Egal wo das Auge auch hinschaut, überall gibt es Probleme, Herausforderungen und Gefahren.

Das wird sich leider nicht ändern.

Umso wichtiger ist es, dass du das halb volle Glas wahrnimmst und es unter keinen Umständen übersiehst.

Du musst deinen Optimismus beibehalten.

Was auch immer passieren, welches Unglück auch immer über dich hereinbrechen sollte und welche gefühlt unendliche Last du auf deinen Schultern tragen solltest – du bleibst optimistisch.

Wie oft war ich mir sicher, dass ich kurz vor dem Untergang bin? Ausgespielt hätte? Keine Chance mehr haben werde? Ich war so verzweifelt, dass ich einmal sogar kurz mit dem Gedanken gespielt habe, nicht weitermachen zu wollen.

In meiner 2010 erschienenen Autobiografie *Ein nasser Hund ist besser als ein trockener Jude* (Seite 207) erzähle ich wie folgt:

> *»Ich fuhr die Potsdamer Straße Richtung Alexanderplatz. Es war kein anderes Auto auf der Straße. Es war so leer, wie ich es nie zuvor in den Straßen Berlins erlebt hatte. Ich fuhr mit höchstens 25 Stundenkilometern und meine Augen waren ganz starr geradeaus gerichtet. In diesem Moment stieg die Sonne am Horizont auf, ihre ersten Strahlen fielen mir ins Gesicht und blendeten mich.*
>
> *In dem Moment hätte ich weder eine Ampel wahrgenommen, noch das Hupen eines Autofahrers gehört, der mit meinem Schneckentempo nicht zufrieden war. Ich sah nur noch dieses wunderbare Spektakel am Horizont. Die warmen Strahlen schienen mich zu betäuben. Ich fühlte mich so schwach und ausgelaugt. So kaputt von dem ewigen Nachdenken über mein ›komisches‹ Leben und das Leben an sich, das mir, dem jüdischen Jungen, so viele schlechte Erfahrungen beschert hat. Und wahrscheinlich noch oft bescheren würde. Ich fühlte mich in diesen warmen, blendenden Strahlen sehr geborgen.*

Ich schloss meine Augen!

Ich fühlte mich plötzlich ganz anders. Ich fühlte mich wie frei, wie erlöst von allem Übel um mich herum. Ich hätte am liebsten nie wieder die Augen geöffnet. Ob mich in den nächsten Sekunden ein entgegenkommendes Auto rammt und es zu Ende geht mit mir, dachte ich, und drückte das Gaspedal tiefer durch. Ich fuhr schneller, während meine Augen geschlossen blieben.

Eine Sekunde, zwei Sekunden, drei Sekunden, vier Sekunden.

Hatte ich aufgegeben mit nur 22 Jahren?

Fünf Sekunden.

Ich öffnete sie wieder.«

Man kann schnell verzweifeln. Vielleicht weißt du sogar genau, was ich meine, weil auch du eine ähnliche Situation wie ich oben durchgemacht hast.

Von meiner Mutter, die nicht selten schlaflose Nächte wegen mir durchmachen musste, habe ich gelernt, optimistisch durchs Leben zu gehen. Das ist leichter gesagt als getan, falls du wie ich in einer schwierigen Nachbarschaft und relativ arm aufgewachsen bist. Aber es ist eine Grundeinstellung, die man sich, je früher, desto besser, angewöhnen kann.

Trotz allem, was mir widerfahren ist, habe ich fast immer das Positive im Leben wahrgenommen – das halb volle Glass – und Hoffnung auf eine Verbesserung meiner Lage gehabt. Mein Optimismus lässt mich prinzipiell glücklicher durchs Leben schreiten, denn während Pessimisten eher Grautöne und viel Dunkelheit wahrnehmen, sehe ich auch helle und bunte Farben vor mir.

92 Eine zweite Chance

Vor 20 Jahren habe ich fast von null angefangen und mir ein neues Leben in Israel aufgebaut.

Nach allem, was mir während meiner Jugend widerfahren ist, wage ich zu bezweifeln, dass ich in Deutschland eine zweite Chance erhalten hätte.

Das sage ich, trotz meiner prinzipiell optimistischen Einstellung.

Wer weiß, vielleicht würde ich bis heute bei McDonald's in der Küche stehen oder mich bis heute im kriminellen Milieu herumtreiben, weil ich keine anderen gescheiten Optionen auf dem Radar gehabt hätte.

Wer will schon einen ehemaligen Gangster einstellen?

Noch dazu einen mit Migrationshintergrund.

Und zu allem Übel auch noch Jude.

Wer?

Wenn man sich erst einmal auf die falsche Spur begibt, dann ist es nahezu unmöglich, die Spur wieder zu wechseln. Alle deine Kontakte beziehungsweise dein gesamtes Leben befinden sich auf dieser einen Spur, in die du – gewollt oder ungewollt spielt keine Rolle – geraten bist. Stell dir vor, du müsstest dein Handy wechseln und man würde dir nicht erlauben, den Inhalt deines alten Handys aufs neue Handy zu übertragen. Wer würde bei so einem Experiment freiwillig mitmachen?

Etwa du?

Eine Spur.

Ein Handy!

Es ist schwer, sich umzuorientieren, alles, zumindest das meiste, was war, hinter sich zu lassen, um einen neuen Weg anzufangen. Eine zweite Chance im Leben wahrzunehmen, um nie wieder in eine Situation zu geraten, in der du beim nächsten Mal die Augen eventuell geschlossen hältst und das Gaspedal noch stärker durchdrückst, irgendwo auf der Potsdamer Straße, wenn die Sonne gerade am Horizont aufgeht und du dich von ihren Strahlen betäubt und geborgen zugleich fühlst.

Ich habe meine zweite Chance in Israel erhalten und ich habe sie mit allem, was ich habe, umarmt. Vom ersten Tag an in Israel habe ich einen Switch gemacht und mir gesagt, was war, ist vorbei, und jetzt heißt es, fleißig zu sein und endlich das Leben in den Griff zu bekommen, um ein normales Leben zu führen. Um glücklich zu werden.

Diese zweite Chance hat mir niemand geschenkt.

Ich habe sie selbst ergriffen.

Ergriffen und nie wieder losgelassen.

Aufgrund meines eigenen Lebensweges gebe ich jedem eine zweite Chance.

Also, falls du dich in einer schwierigen Situation befinden solltest, dann sei versichert, dass auch du eine zweite Chance verdient hast und einen Neustart schaffen wirst, falls du – und nur du – es wirklich willst.

Nicht deine Eltern.

Nicht dein Lehrer.

Nicht dein Anwalt.

Du!

93 Die anderen kochen auch nur mit Wasser

Du kannst (fast) alles erreichen, wenn du willst!
Habe keine Ehrfurcht vor anderen Menschen oder neuen Herausforderungen.
Du bist nicht schlechter, aber auch nicht besser, als die meisten Menschen auf dieser Welt.
Wir sind alle Menschen, mit ähnlichen Grundvoraussetzungen. Auch wenn es dir manchmal so vorkommen sollte, als ob du nichts könntest und alle um dich herum erfolgreicher sind als du, solltest du nie vergessen, dass wir alle, mehr oder weniger, gleich sind.
Niemand kann schließlich 20 Bälle jonglieren.
Niemand weiß, ob es einen Gott gibt.
Niemand kann in die Zukunft schauen.
Ja, es gibt natürlich Menschen mit speziellen Kenntnissen oder besonderen Fähigkeiten, aber es ist ihnen in der Regel nicht in die Wiege gelegt worden, sondern sie haben es sich hart erarbeitet, angelernt und im Endeffekt verdient.
Auch wenn es manchmal unerreichbar scheint, was andere können, so habe ich in den letzten Jahren festgestellt, dass sehr vieles erreichbar ist, wenn man sich nur ins Zeug legt und daran glaubt, dass man es schaffen kann. Ein Beispiel in meinem Fall wäre, dass ich in der Schule enorme Scheu davor hatte, vor der Klasse etwas vorzutragen. Allein der Gedanke, vor anderen stehen zu müssen, um ein Gedicht aufzusagen, hat mir schlaflose Nächte bereitet. Viele Jahre sind seitdem vergangen und ich habe angefangen, sowohl Bücher zu veröffentlichen, als auch für die IDF als Sprecher zu arbeiten. In beiden Fällen konnte ich dem Auftritt vor anderen Menschen nicht entgehen. Als Buchautor bei Lesungen und Vorträgen, als Sprecher der IDF, wenn ich Gruppen zur Sicherheitslage im Nahen Osten briefen musste. Ich war gezwungen, mich damit abzufinden, dass ich nicht mehr darum herumkommen würde, vor Menschen aufzutreten. Um diese Herausforderung meistern zu können, habe ich mir anfangs Videos von anderen angeschaut, die daran gewöhnt sind, vor Menschen aufzutreten, und es sah immer so lässig und professionell aus, dass ich hätte verzweifeln können. Ich konnte nicht glauben, dass

auch ich mich eines Tages einmal vollkommen entspannt und sogar mit Freude vor Menschengruppen würde stellen können, um etwas vorzutragen.

Doch genau das ist eingetreten.

Mit der Zeit und den vielen Auftritten fing ich tatsächlich an, meine Angst und meine Sorgen vor einem Versagen abzulegen und mich auf Vorträge, Lesungen und Briefings zu freuen. Heute bin ich fast schon genervt, wenn es mal eine Trockenzeit ohne Auftritte gibt. Ich habe Spaß daran entwickelt, vor Menschen zu stehen und mit ihnen zu kommunizieren.

Mittlerweile höre ich von Bekannten, dass sie nicht nachvollziehen können, wie ich das schaffe und wie begabt ich doch sei, weil sie enorme Scheu davor haben, etwas vor anderen Menschen vorzutragen. Plötzlich verstehe ich, dass ich mich weiterentwickelt habe und eine Herausforderung angegangen bin und gemeistert habe und es in den Augen anderer so aussieht, als sei ich damit geboren worden. Dass dem natürlich nicht so ist, will der eine oder die andere nicht immer glauben, denn man denkt, ich sei in dieser Hinsicht einfach nur bescheiden.

Man kann also fast alles erreichen, wenn man nur will.

Du kannst alles erreichen, wenn du nur willst.

Andere kochen auch nur mit Wasser, sprich, wir haben alle ähnliche Grundvoraussetzungen und müssen alle fleißig sein, um erfolgreich und glücklich zu werden.

Du hast es fast genauso schwer oder einfach wie viele andere.

Diese Grundlage ist eine Weisheit, die du nie vergessen solltest.

Sie gibt dir Proportion im Leben.

94 CONNECTIONS

Connections können dir sowohl in beruflicher Hinsicht als auch privat weiterhelfen.

Dir eventuell sogar das Leben retten.

Wie so vieles, was ich hier schreibe, klingt es übertrieben, ist es aber nicht. Ich schreibe, wie du mittlerweile festgestellt hast, aus persönlicher Erfahrung. Hätte ich es nicht am eigenen Leibe durchgemacht, würde ich nicht mit meinem Namen hinter jeder einzelnen Weisheit stehen.

So auch hinter dieser.

Ein Rückblick ins Wedding: Es hat fast schon etwas Romantisches, ein Mitglied in einer Jugendgang zu sein. Wer hat nicht die *Westside Story, Blood in Blood Out* oder *Boyz'n the Hood* gesehen und sich gedacht: »Was für verdammt coole Typen!«

Wir haben alle damals *Boyz'n the Hood* gesehen und uns wie die Berliner Version von ihnen gefühlt. Ghettokids, die auf der Straße abhängen, ihre Nachbarschaft »beschützen« und keine Ahnung haben, was sie einmal werden wollen, wenn sie groß sind.

Schlägereien waren keine Seltenheit.

Messerstechereien leider auch nicht.

In den meisten Fällen handelte es sich um Rivalitäten zwischen verschiedenen Gangs, also Gangster gegen Gangster. Der Otto Normalverbraucher bekam davon in der Regel zum Glück nichts mit.

Mehrmals hatte ich Angst um mein Leben.

Bei einem Zwischenfall gerieten eine Handvoll Weddinger und ich in eine Falle von einer Kreuzberger Gang. Wir befanden uns somit nicht nur auf feindlichem Territorium, sie waren auch noch dreimal so viele wie wir und bewaffnet. Einige Wochen vorher waren wir schon einmal in einem Club aneinandergeraten und ich hatte einem von ihnen eine Backpfeife verpasst, woraufhin sich drei von ihnen auf mich stürzten und mir unter anderem eine Bierflasche über die Nase zogen.

Meine Nase hat sich bis heute nicht davon erholt.

Es ist eine der Wunden, die mich bis ans Ende meines Lebens begleiten werden.

Bei der erneuten Begegnung waren unsere Kontrahenten wie gesagt in absoluter Überlegenheit und hatten besonders einen von uns auf dem Kicker.

Mich.

Zum Zeitpunkt ihres Überraschungsangriffs saßen wir im Auto meines Freundes Seko und wollten gerade wieder zurück ins Wedding fahren. Ich saß in der Mitte auf der Rückbank. Plötzlich war das Auto umzingelt und von rechts und links gleichzeitig rissen Kreuzberger die Autotüren auf und fingen an, mit ihren Messern in meine Richtung zu stechen. Mehrere Stiche ganz knapp an meinem Gesicht vorbei.

Ich war mir sicher, dass ich und meine Freunde ausgespielt hätten.

Doch wie so oft im Leben hatte ich Glück im Unglück. Es stellte sich nämlich heraus, dass mein Kumpel Seko mit ihrem Anführer verwandt war. Der Anführer war derjenige, dem ich im Club eine Backpfeife verpasst hatte. Derselbe Anführer wollte mich jetzt abstechen. Nicht in den Oberschenkel, sondern direkt ins Gesicht. Doch kaum erkannten sich Seko und sein Cousin, steckte er das Messer weg, umarmte Seko, und wir schlossen Waffenstillstand.

Ich bin mir ziemlich sicher, dass ich aus dieser Situation nicht heil herausgekommen wäre, hätte Seko nicht die Connection zu dem Kreuzberger gehabt. Das war eine Situation, die mich während meiner Jugend schon gelehrt hat, dass es sich auf der Straße lohnt, Connections zu haben. Doch auch meine berufliche Laufbahn wurde wesentlich durch Connections beeinflusst.

Man weiß nicht, wer einem wann einen Tipp geben wird, der vielleicht alles entscheidend sein kann.

Wie erfährt man denn von einer interessanten Stelle?

In der Zeitung? Im Internet? Ja, auch. Aber an wirklich »maßgeschneiderte« Positionen kann man auch über familiäre und freundschaftliche Beziehungen, die man selbstverständlich pflegt, herankommen.

Genau das ist mir nämlich ganze zwei Mal passiert.

Beim ersten Mal saß ich eines Sonntagabends beim wöchentlichen Hobby-Fußballspielen mit anderen Studenten in Jerusalem neben einem ehemaligen Freund, der aus Argentinien nach Israel eingewandert war. Ich hatte schon länger keinen Kontakt mehr mit ihm gehabt, und er fragte mich, ob ich auf der Suche nach einem Job sei. Ich hatte damals einen festen Job und gerade meinen Master abgeschlossen. Eigentlich wollte ich einen Studiengang zum Doktor nachlegen. Er ließ mich wissen, dass der Grund dafür, dass wir uns länger nicht über den Weg gelaufen waren, der sei, dass er in der IDF-Presseabteilung, mit etwas Verspätung, seinen Pflichtdienst ableisten würde und kaum noch zu etwas anderem käme. Mein Freund fuhr fort, dass er von einer spannenden Position wisse, die mich interessieren könnte und die in Kürze frei werden würde. Die IDF, so erzählte er, würde sich sehr bald auf die Suche nach einem neuen offiziellen Sprecher für Europa machen, weil der jetzige seinen Vertrag nicht verlängert bekommen hat. Ich solle mich unbedingt für die Position bewerben, legte er mir ans Herz. Mein Freund wusste, dass ich mehrere Sprachen fließend sprach und Zionist mit Leib und Seele war.

Gesagt, getan!

Nach mehreren Interviews und Aufnahmeprüfungen bekam ich den Job. Ich hätte ohne seinen Hinweis nie von dieser Position erfahren. Nie zuvor hatte ich gehört, dass die IDF einen Sprecher für Europa hatte. Dank ihm, dank der Connection zu ihm, stieß ich auf diese, aus meiner Sicht, interessante und bedeutende Position, in der ich nicht nur der IDF und Israel mit Stolz dienen durfte, sondern auch sehr viel für mich dabei rausholen konnte.

Sieben ganze Jahre war ich als offizieller Sprecher der IDF unterwegs. Es waren gefühlte 70 Jahre. In diesen Jahren habe ich enorm viel dazugelernt. Ausreichend genug, um nach sieben Jahren über eine andere Connection einen Tipp für meine jetzige Position als Abteilungsleiter in der israelischen Regierung zu erhalten.

Wieder kam der Hinweis von jemandem, von dem ich es nicht erwartet hätte, und zu einem Zeitpunkt, der kaum hätte besser passen können. Wieder musste ich durch einen Prozess von mehreren Interviews und Aufnahmeprüfungen, um am Ende den Job zu bekommen. Mit großer Gewissheit kann ich sagen, dass ich auch in diesem Fall ohne die Connection nicht auf diese Position gestoßen wäre.

Connections können also sowohl Leben retten, als auch dir beruflich weiterhelfen.

Connections zu Menschen können dir aber auch helfen, in gesundheitlichen Notfallsituationen eine Empfehlung für einen guten Arzt einzuholen oder, falls es dazu kommen sollte, dass du jemanden verklagen musst oder einen Verteidiger brauchen solltest, an einen guten Anwalt zu gelangen.

Wir leben nicht allein. Jeder von uns hat sein Umfeld und damit Interaktionen mit unzähligen Menschen. Auch im Internet. In einer global immer enger vernetzten Welt bringt das auch das eine oder andere Problem mit sich, aber jede Connection könnte sich eines Tages auszahlen.

95 DER FEIND LAUERT NÄHER, ALS DU DENKST

Das Leben hat auch sehr viele dunkle Seiten.
Menschen haben dunkle Seiten.
Neid, Eifersucht, Lug und Trug sind genauso verbreitet wie
Friede, Freude und Freundschaft.
Was viele Menschen jedoch nicht wahrhaben wollen, bevor es
ihnen am eigenen Leibe passiert, ist, dass der Feind, der Widersacher, derjenige, der einen stürzen will, aus welchen Gründen
auch immer, einem in der Regel nahe, wenn nicht sogar sehr nahe steht.
Lass mich dich fragen: In wie vielen Filmen hast du sehen können, wie Menschen, insbesondere erfolgreiche Menschen, von
engsten Vertrauten hintergangen werden?
Hast du *Donny Brasco* gesehen?
Ich wurde während meiner Bandenjahre in Berlin auch einmal
von einem »Freund« verraten. Sein Verrat hätte mich fast das Leben gekostet. Es war ein Verrat wie in einem Film. Hinterlistiger
kaum vorstellbar. Rückblickend, wie bei so vielem, bin ich dankbar dafür, dass ich so eine Situation schon relativ früh durchmachen musste, denn es war eine wichtige Lektion für mein Leben:
Der Feind lauert eventuell in den eigenen Reihen.
In den »eigenen Reihen« befinden sich bei dir, wie bei mir,
nicht nur langjährige Freunde, sondern auch Familienmitglieder
ersten Grades. Du vertraust ihnen. Sie kennen auch deine
Schwachstellen. Das könnte dir eines Tages zum Verhängnis werden. Neid und Eifersucht können nämlich einen Vertrauten von
dir dazu bewegen, die über viele Jahre entwickelte vertrauliche
Beziehung zwischen euch beiden zu brechen.
Falls es so weit kommen sollte, ist der Verrat eines engen Vertrauten umso problematischer für dich, weil er wie gesagt deine
Schwachstellen kennt und auf die Wunde drücken wird, um dich
zu schwächen, aus dem Rennen zu werfen, dich abzulösen oder
vielleicht komplett zu beseitigen.
Die Geschichte ist voll von Beispielen des Verrats durch enge
Vertraute. Auf Adolf Hitler soll es über 40 Anschläge gegeben
haben, in der Regel von Menschen, die, wie Claus von Stauffen-
berg, Zugang zu ihm hatten.

Um dein Leben zu meistern, solltest du deshalb immer im Hinterkopf behalten, dass du nicht nur von positiven Menschen umgeben bist, die nur das Beste für dich wollen, sondern auch von Menschen, die in erster Linie das Beste für sich wollen.

So wie du dein Glück suchst, so sucht der andere seines.

Und falls ihr eines Tages in eine Situation geraten solltet, in der nur einer von euch beiden den Job, die Frau oder das Erbe erhalten kann, könnte sich das Beziehungsblatt zwischen euch sehr schnell wenden.

96 Sei dankbar!

Ich bin jeden Tag dankbar.

Dankbar, dass ich in Freiheit lebe, gesund bin, eine Frau und Kinder habe, die ich liebe, und aus meiner Sicht auch Positives bewirke, sowohl privat, als auch beruflich.

Das alles war in meiner Jugendzeit unvorstellbar für mich.

Ich verfluchte die Welt, meine Religion, manchmal sogar meine Eltern.

Doch ich habe mich weiterentwickelt und verstanden, dass man es schaffen kann, wenn man nur will und sein Schicksal tatsächlich mitbestimmen kann. Mit Fleiß und Ausdauer, Schritt für Schritt, kann man sich langsam, aber sicher ein Leben aufbauen, das man genießen kann.

Ich bin heute so dankbar dafür, ein »normales« Leben führen zu können, dass ich anderen Menschen helfen möchte. Insbesondere Menschen, die Ähnliches wie ich durchgemacht haben beziehungsweise noch mitten drin sind im Albtraum der Hoffnungslosigkeit der Straße. Meiner Meinung nach kann ich ihnen helfen, weil ich einmal selbst da unten war und genau nachvollziehen kann, was sie durchmachen oder durchgemacht haben.

Wie oft haben Sozialarbeiter oder hin und wieder auch einmal ein Polizist oder Lehrer versucht, mir Ratschläge zu geben? Und habe ich sie ernst genommen? Nein. Alles ging in ein Ohr rein und in weniger als einer Sekunde aus dem anderen Ohr wieder raus. Ohne Spuren zu hinterlassen.

Warum diese radikale Scheu und Ablehnung?

Weil uns Weddingern bekannt war, dass all die »Helfer« um 16 Uhr wieder zurück in ihr gutbürgerliches Viertel fahren, um dort ihr wahres Leben zu leben, während wir uns auf eine weitere Nacht im Ghetto vorbereiten mussten. Sie meinten es ganz bestimmt gut, aber da prallten Welten aufeinander.

Ich will helfen!

Ich weiß, dass ich es kann.

Heute mehr als je zuvor, weil ich dankbar bin.

Dankbar für alles, was ich mir erarbeitet habe.

Aus dieser positiven Ausgangssituation kann und will ich jetzt anderen die Hand reichen, die es schlechter haben, um auch sie zu stärken.

Tief in mir fühle ich, dass es das größte Glück im Leben ist, anderen Menschen zu helfen. Um im Leben wunschlos glücklich zu werden, bin ich daher der Auffassung, dass es am Ende nicht nur um dein Wohlbefinden geht, sondern auch darum, was du für dein Umfeld tun kannst und tun wirst.

Dieses Buch ist eine Antwort darauf.

Dieses Buch ist hoffentlich erst der Anfang.

97 DAS RIESENRAD

Im Leben ist man mal oben, mal unten und sehr viel öfter irgendwo dazwischen.

Mal hat man Erfolg, mal nicht.

Mal hat man Glück, mal Pech.

Manchmal gewinnt man. Manchmal verliert man.

Gestern hast du die beste Note in einer Prüfung erhalten. Heute wurdest du von der Schule geschmissen.

Gestern wurdest du zu einem Traumjob angenommen. Heute hat dich deine über alles geliebte Freundin verlassen.

Gestern warst du mit fünf Toren in einem Spiel auf dem Höhepunkt deiner Karriere angelangt. Heute hast du einen Sehnenriss erlitten und musst das Fußballspielen für immer aufgeben.

Tiefpunkte und Höhepunkte liegen sehr nah beieinander.

Man lebt in der Regel in einer Zwischensituation, doch erreicht hin und wieder Höhepunkte, genauso wie man hin und wieder auch Tiefunkte erleiden und ertragen muss.

Stell dir vor, du sitzt in einem Riesenrad, das sich langsam, aber pausenlos dreht. Du kommst nach mühseligem Aufstieg oben an und kannst die Aussicht genießen.

Nicht für immer.

Du bleibst nicht oben stehen, sondern das Rad dreht sich weiter und du erreichst irgendwann nach einer Zeit des Abstiegs auch den Tiefpunkt. Plötzlich bist du ganz unten angekommen und musst mit einer neuen schwierigen Realität zurechtkommen. Doch du arbeitest dich wieder hoch und erreichst irgendwann wieder einen Erfolg und bist somit aus deiner Sicht wieder oben angelangt.

Doch wie schon beim letzten Mal nicht für ewig.

Das Rad dreht sich nämlich weiter.

Ob du es willst oder nicht.

Und so dreht es sich pausenlos und du mit. Mal bist du etwas länger oben, mal etwas länger unten, aber in der Regel befindest du dich entweder auf dem Weg nach oben oder auf dem Weg nach unten.

Im wahren Leben gibt es dementsprechend vier Situationen:

- Du bist oben.
- Du befindest dich auf dem Weg nach oben.
- Du bist unten.
- Du befindest dich auf dem Weg nach unten.

Der einzige Unterschied zwischen einem Riesenrad und dem wahren Leben ist, dass sich das Riesenrad mit gleichem Tempo in jede Richtung bewegt, während es im wahren Leben um einiges unausgeglichener zugeht. Denn während Aufstieg und Erfolg im Leben jahrelange harte Arbeit erfordern, kann man jederzeit und in kürzester Zeit fallen.

Vergleich einfach einmal, wie schnell du auf dem Boden landest, wenn du stolperst, und wie viel mehr Zeit du brauchst, um danach wieder auf die Beine zu kommen. Wenn man erst einmal gefallen ist und unten ist, ist es sehr viel schwieriger, aufzusteigen und erfolgreich zu werden.

Dieser »Generalschlüssel« ist eine Weisheit, die du als Grundlage für dein gesamtes Leben betrachten solltest.

Ruh dich nicht aus, wenn du oben angekommen bist, und gib niemals auf, wenn du unten bist!

Wie dicht Erfolg und Versagen, Freude und Trauer, Glück und Pech beieinander liegen, wird in Israel an zwei aufeinanderfolgenden Tagen deutlich, dem »Jom HaSikaron«-Gedenktag und dem »Jom HaAtzma'ut«-Unabhängigkeitstag. Am ersten Tag trauert das ganze Land wegen der gefallenen Soldaten und der Opfer von Terroranschlägen. Menschen strömen auf die Friedhöfe und das Fernsehen berichtet über traurige Schicksalsschläge von Familien, die ihre Liebsten verloren haben. Am darauffolgenden Tag hingegen finden die Feierlichkeiten zum israelischen Unabhängigkeitstag statt. Der Himmel ist erleuchtet von Feuerwerkskörpern, Parkanlagen und Clubs sind überfüllt und im Fernsehen wird über Helden berichtet.

Am ersten Tag weint man vor Trauer.

Am zweiten Tag weint man vor Freude.

Um das Leben zu meistern, empfehle ich dir, das Riesenrad im Hinterkopf zu behalten.

98 HÜRDENLAUF

Das Leben ist ein Hürdenlauf.

Ein täglicher Hürdenlauf. Nonstop.

So wie sich das Riesenrad dreht und du mit, so befindest du dich mitten in einem ewigen Hürdenlauf. Hürden gibt es schließlich überall: auf der Straße, in der Universität, der Ausbildung, im Beruf, in der Nachbarschaft, Partnerschaft, Kindererziehung, Gesundheit und in den sozialen Netzwerken.

Überall sind Hürden, die du bewältigen musst, um das Leben zu meistern. Von klein auf geht es los und bis an deinem letzten Tag im Leben wirst du Hürden zu bewältigen haben.

Die Frage ist, ob du die Ausdauer und das Durchhaltevermögen hast, dich einerseits mit dieser Situation abzufinden, als auch andererseits den Kampf gegen die Hürden anzunehmen.

Es ist ein Kampf!

Nonstop.

Du kommst nicht drum herum. Und du bist nicht der Einzige, der sich in dieser Situation befindet, sondern die gesamte Menschheit macht Ähnliches durch wie du, jeder für sich. Selbstverständlich gibt es für jemanden in China auch andere Hürden zu bewältigen als für dich in Deutschland oder jemanden in Kenia. Keine Frage. Prinzipiell jedoch hat der Mensch, also du und ich, viele ähnliche Hürden zu bewältigen im Leben.

Du fängst also an zu laufen und bewältigst die ersten Hürden. Du läufst weiter und packst noch ein paar Hürden. Doch früher oder später wird dir eine Hürde zum Verhängnis und du wirst fallen. Dann stehst du wieder auf und läufst weiter auf die nächste Hürde zu, die du wieder schaffen wirst und auch die darauffolgende. Irgendwann fällst du aber wieder und musst dich wieder zusammenreißen, um die nächsten Hürden wieder zu packen und so weiter.

Dein Leben ist ein Hürdenlauf.

Ein ewiger Hürdenlauf.

Je eher du diese Grundlage akzeptierst, umso besser kannst du deinen Weg in eine bessere Zukunft starten und Situationen, in denen du fallen wirst, also Niederlagen, besser verarbeiten können, um weiterzumachen.

99 DER WOLF UND DER HÜGEL

Ohne Fleiß kein Preis!
Darin sind wir uns hoffentlich einig.
Du musst hungrig sein nach Erfolg und einem glücklichen Leben.
Hungrig wie ein Wolf, der auf der Suche nach einer Mahlzeit ist.
Hungrig wie ein Wolf, der auf der Suche nach Futter einen steilen Hügel emporsteigt, um an seine Mahlzeit zu gelangen.
Die Mahlzeit kommt dem Wolf schließlich nicht entgegen, sondern er muss ihr hinterherjagen.
Erfolg kommt auch nicht von allein.
Du musst sehr viel dafür tun, um dein Leben in die richtige Bahn zu bringen und erfolgreich zu sein. Du musst dem Erfolg hinterherjagen wie ein Wolf seiner Beute. Und wenn es bedeutet, dass du auf dem Weg zum Erfolg unendlich viele Hürden und Hindernisse überwältigen musst, beziehungsweise einen Hügel hochklettern musst, dann ist es halt so und du kletterst den Hügel hoch.
Du befindest dich auf Beutejagd!
Auf der Jagd nach Erfolg, nach Glück, nach einem »normalen« Leben.
Du musst den Hügel genauso ehrgeizig hochklettern wie ein hungriger Wolf den Hügel emporsteigen würde, um seiner Beute nachzujagen.
Ohne Kompromisse.
Doch was passiert, wenn der Wolf seine Beute eingeholt hat, beziehungsweise der Mensch den Hügel erklommen hat und erfolgreich ist?
Der Hunger, den man während der Beutejagd verspürt hat, nimmt drastisch ab. Der eigentliche Antrieb ist somit verschwunden. Warum also weiter Hügel hochklettern?
Im Falle eines Wolfes ist es nur eine Frage der Zeit, bis er wieder hungrig sein wird und sich wieder auf die Jagd begibt und bereit ist, den nächsten Hügel hochzulaufen, um an seine Beute zu gelangen. Bei uns Menschen ist es oftmals komplizierter. Denn einmal oben angelangt, haben nicht wenige von uns die

Tendenz, sich auf ihren Lorbeeren auszuruhen. Der Hunger ist schließlich gestillt, also warum noch anstrengen?

Doch das Riesenrad dreht sich weiter, und du befindest dich nach wie vor mitten in einem ewigen Hürdenlauf. Auch wenn es dir nicht so erscheinen mag, wenn du oben angekommen bist. Doch Dinge können und werden sich schneller, als du denkst, auf den Kopf stellen.

Ausruhen ist nicht.

Du musst dranbleiben und immer Hunger haben.

Hunger, selbst wenn du gerade satt bist.

Hunger, deinen Erfolg und dein Glück zu stabilisieren.

Kaum hast du dich nämlich zur Ruhe gelegt und den nächsten Hügel nicht erklommen, kommt ein anderer hungriger Wolf daher und schnappt dir die Beute vor der Nase weg.

100 AMEISEN

>*Die zwei wichtigsten Tage im Leben sind der Tag, an dem
man geboren wird, und der Tag, an dem man herausfindet,
warum.*«

Mark Twain, US-amerikanischer Schriftsteller

Hast du schon mal Ameisen beobachtet?

Als ich ein kleiner Junge war, habe ich gerne Ameisen beobachtet. Aus mir bis zum heutigen Tag unerklärlichen Gründen
fand ich es ziemlich spannend, mitzuverfolgen, wie sie scharen-
weise und dicht gedrängt einen Weg hin- und herliefen. Sie wirk-
ten auf mich wie sehr aktive, aber äußerst gestresste Lebewesen.
Mini-Lebewesen. Nicht ein einziges Mal habe ich eine Ameise
dabei erwischt, wie sie stillstand und vollkommen untätig war.

Ameisen scheinen immer in Bewegung zu sein. Immer im
Stress, so wirkte es zumindest aus der Vogelperspektive.

Doch wofür?

Welchen Sinn ergibt ihr Leben?

Worum geht es bei ihnen?

Das ganze Leben hin- und herlaufen?

Mit welchem Ziel?

Ich beobachtete und versuchte, den Sinn ihres Lebens zu verstehen.

Ich kam zu keiner Erkenntnis.

Doch das schreckte mich nicht davon ab, immer wieder hinun-
terzuschauen, in der Hoffnung, dass ich ihr Geheimnis des Lebens doch noch entdecken würde. Jedoch nach wie vor ohne Erfolg.

Mittlerweile frage ich mich: Muss ihr Leben eigentlich einen
Sinn ergeben?

Ich weiß es nicht. Oder leben sie einfach nur so dahin, wie so
viele andere Lebewesen?

Genauso gut könnte man nämlich aus der Vogelperspektive
auf uns Menschen hinunterschauen und sich fragen: Welchen
Sinn ergibt das Leben der Menschen da unten überhaupt? Wofür

leben sie? Worin unterscheiden sie sich von anderen Lebewesen? Worin von Ameisen?

Schon sehr früh fing ich an, mir Gedanken über die Welt zu machen. Über die Welt, die Menschen und meine Aufgabe im Leben.

Meine Gedanken gingen so tief, dass ich mich, ich glaube in der vierten Klasse, auf dem Rückweg von der Schule nach Hause, an eine Bushaltestelle setzte und vor mich hin weinte. Ich weinte, weil ich keine Antwort darauf hatte, warum und wofür ich leben würde.

Ich saß da und weinte.

Dabei ging es mir gut, denn ich spielte jeden Tag Fußball und mehr wollte ich eigentlich nicht. Doch ich verstand, dass ich weder mein ganzes Leben in die Schule gehen würde, noch jeden Tag bis ans Ende meines Lebens glücklich auf dem Fußballplatz abhängen konnte.

Ich verstand meine Rolle im Leben nicht.

Um ehrlich zu sein, ich verstehe sie bis heute nicht.

Viele Menschen verstehen »ihre Rolle« im Leben nicht und »fliehen« deshalb in die Religion, die ihnen zumindest etwas gibt, woran sie sich festhalten können. Etwas, das ihnen einen Sinn im Leben gibt.

Ich will aber nirgendwo »hinfliehen«, nur um mich an etwas festhalten zu können, sondern ich will für etwas leben, das sowohl mich erfüllt, als auch der Menschheit einen positiven Dienst erweist. Das ist keine einfache Sache, weil wir so vielen täglichen Herausforderungen ausgesetzt sind, dass die meisten von uns einfach keine Zeit und keine Kraft mehr haben, um kurz einen Zoom-out zu machen und das ganze Bild von oben, aus der Vogelperspektive, zu betrachten.

Das ganze Bild beziehungsweise das ganze Puzzle.

Unser Leben ist ein Puzzle, das aus sehr vielen Einzelstücken besteht, die wir im Laufe unseres Lebens zusammenfügen, um das Bild erkennen zu können.

Um dem Bild einen Sinn zu geben.

Um uns einen Sinn im Leben zu geben.

100 Weisheiten, um das Leben zu meistern gibt mir einen Sinn im Leben. Denn wenn ich dir und vielen anderen Lesern anhand meiner Erfahrungen, meines Lebensweges helfen kann, dann habe ich der Menschheit einen Dienst erwiesen und mir meinen Platz als »Schraube im System« verdient.

Du willst dein Leben meistern?

Du willst ein »normales« Leben führen?

Du willst erfolgreich und glücklich werden?

Dann nimm bitte meinen Rat an und denk nicht zu viel darüber nach, was der Sinn des Lebens ist, sondern mach einfach das Beste daraus.

Für dich, deine Familie und wenn möglich, darüber hinaus.

Und, habe Spaß!

NACHWORT

Als ich 18 Jahre alt war, fühlte ich mich wie der größte Versager.

Ein Jahr zuvor war ich von der Schule geflogen, ich hatte wegen krimineller Aktivitäten schon im Jugendarrest gesessen und mein Vater hatte mich mehrmals aus dem Haus geworfen.

Ich hatte keine Zukunftsvision, keine Wünsche, keine Hoffnung.

Ich sah nur zwei Optionen für meine Zukunft:

Tod oder Knast.

Nichtdestotrotz glaubten meine Mutter, meine damalige kroatische Freundin, eine Handvoll enger türkischer Freunde und mein Freund Sebie an mich. Sie waren fest davon überzeugt, dass aus mir einmal etwas werden könnte, wenn ich mich zusammenriss.

Eines der Dinge, die ich machte, um mein Leben in den Griff zu bekommen, war, als 33-Jähriger eine Autobiografie zu veröffentlichen. Ich wollte damit einen Schlussstrich unter mein »erstes Leben« in Berlin ziehen, um »befreit« in die Zukunft schauen zu können. Mein Buch und die darauffolgenden Lesereisen und Gespräche halfen mir sehr, meine Vergangenheit zu verarbeiten und eine positivere Einstellung zu entwickeln.

Ein Schlussstrich war es jedoch nie.

Im Gegenteil.

Aus meinem ehemaligen Albtraum wurde nämlich ein Traum.

Etwas über 20 Jahre nach meiner Auswanderung aus Deutschland erschien meine Autobiographie unter dem Titel *Ein nasser Hund* vor Kurzem im Kino. Ein junger Deutsch-Türke spielt mich darin.

Ich habe den Film geschätzte 100 Mal geschaut und jedes Mal flossen Tränen. Sie flossen, weil ich glücklich bin, dass ich der Alternative »Tod oder Knast« entkommen bin. Sie flossen, weil ich meinen damaligen Freunden, die an mich geglaubt haben, so verdammt dankbar bin.

Ohne sie wäre ich heute nicht da, wo ich bin.

Vor nicht allzulanger Zeit erreichte mich die folgende Nachricht eines ehemaligen Gang-Weggefährten aus Berlin:

> *»Hab vorhin mein Fahrrad repariert, weil wir wieder 20 Grad haben und war mit meiner besten Freundin spazieren ... Morgen fange ich an meine Küche zu renovieren und dann noch n bisschen Rad fahren und Abends zum Training ... Versuch gerade mein Leben zu ordnen und meiner Tochter n Vorbild zu sein, auch wenn sie jetzt schon erwachsen ist, aber ich möchte endlich mal was richtig machen. Nach 12 Jahren Knast hab ich endlich was gelernt.*
>
> *Hätte deinem Beispiel mal früher folgen sollen.«*

Es ist nie zu spät!

Wenn ich es geschafft habe, dann kannst und wirst auch du es schaffen.

Zehn Jahre klüger

Wolfgang Gründinger

»Wenn ich in der Zeit zurückreisen könnte, um meinem jüngeren Ich einen Rat zu geben – was würde ich ihm sagen?« Als er 35 wurde, dachte Wolfgang Gründinger über sein Leben nach. Am Ende stand dieses Buch, das mehr ist als ein Ratgeber. Es ist ein Plan fürs Leben, voller Inspirationen und Tipps für alle wichtigen Bereiche: Beruf & Karriere, Zeitmanagement, Finanzen, Fitness, Liebe & Partnerschaft, Politik & soziales Engagement. Es zeigt unter anderem, wie man halb so viel arbeitet, aber doppelt so viel erledigt, sein Gehalt verhandelt, sein Geld auf dem Finanzmarkt vermehrt oder richtig fit wird, ohne Bodybuilder werden zu müssen.

Außerdem enthält es Antworten darauf, warum
- ein Staubsauger-Roboter das Leben verändert,
- ein Börsencrash die optimale Zeit ist, in Aktien zu investieren,
- man Christian Lindner lieber nicht sein Aktiendepot anvertrauen sollte,
- es sich lohnt, Tantra auszuprobieren,

und vieles mehr. Eine unterhaltsame, lehrreiche Lektüre. Nicht nur für Berufsstarter.

304 Seiten | Softcover | 18,00 € (D) | 18,60 € (A) | ISBN 978-3-95972-502-6

Was ich mit 20 Jahren gerne über Geld, Motivation, Erfolg gewusst hätte

Mario Lochner

Viele plagen sich lange Jahre im Beruf, um dann festzustellen, dass sie doch nicht das tun, was sie erfüllt und womit sie erfolgreich sind. Es kommt darauf an, frühzeitig im Leben auf die persönliche Motivation und die eigenen Potenziale zu setzen und die Weichen auf Glück und Erfolg zu stellen.

Mario Lochner weist den Weg zur Überholspur im Leben. Im ersten Teil des Buches geht es darum, wie man seine persönliche Motivation im privaten und beruflichen Bereich findet. Im zweiten Teil gibt der Autor Ihnen die Erfolgswerkzeuge an die Hand, die Sie maßgeschneidert für sich anwenden können. Im dritten Teil schließlich geht es darum, wie Sie mit nur wenigen Stunden pro Jahr ein finanzielles Fundament für die Rente aufbauen.

304 Seiten | Softcover | 16,99 € (D) | 17,50 € (A) | ISBN 978-3-95972-277-3

Was ich meinem 18-jährigen Ich raten würde

Dirk Kreuter

»Dirk! Wenn du noch mal 18 wärst, was würdest du tun? Was würdest du deinem 18-jährigen Ich raten?« Diese Frage wurde Bestsellerautor und Top-Verkaufstrainer Dirk Kreuter so oft gestellt, dass er beschloss, dazu ein YouTube-Video aufzunehmen. Die riesige Resonanz führte dazu, dass er darauf basierend dieses Buch schrieb, mit dem Ziel, Orientierung, Handlungshilfen und Leitplanken für beruflichen und privaten Erfolg zu geben – etwas, das in der Schule fast völlig versäumt wird. Hier gibt er wertvolle Hilfestellung zu Persönlichkeitsentwicklung, Karriere sowie finanzieller Unabhängigkeit und zeigt, wie jeder den Grundstein dafür legen kann.

224 Seiten | Hardcover | 19,99 € (D) | 20,60 € (A) | ISBN 978-3-95972-345-9